働くミレニアル女子が身につけたい力

EMPOWERMENT
エンパワーメント

大崎麻子

経済界

はじめに

「私たちのまわりにはね、たくさんの呪いがあるの」

2016年の大ヒットドラマ『逃げるは恥だが役に立つ』の中で、石田ゆり子さん扮する49歳のキャリア・ウーマン「百合ちゃん」が口にする台詞です。

相手は、20代の前向きできれいな女性。百合ちゃんのことを「恋敵」だと思っていて、「50にもなって若い男に色目を使うなんてむなしくなりませんか?」と、百合ちゃんの「半分の年」である自分の若さを武器にして挑発してきます。

そんな彼女に百合ちゃんは、

「あなたが感じていること(=若さこそが女性の最大の価値)もそのひとつ。自分に呪いをかけないで。そんな恐ろしい呪いからは、さっさと逃げてしまいなさい」

と語りかけます。

この台詞が大きな反響を呼びました。

「呪い」という言葉で表現されたのは、「こうあるべき」「これが普通」という固定観念です。生まれてから大人になるまでに、家庭で、学校で、職場で、そしてメディアを通じて、私たちはたくさんの「こうあるべき」「これが普通」を心の中に植えつけていきます。

それが、知らないうちに自分の生き方や選択を縛りつける「呪い」になってしまう。

あなたはどうですか？　あなたを縛る「呪い」はありますか？

私はこのシーンを見たときに、これまでの人生の中で直面してきた、数々の「呪い」を思い出しました。

「子どもができたら、母親はすべてを投げ打って、育児に専念すべき」（大学院入学直前に妊娠がわかったとき）

「キャリアアップとは、組織で働き続け、確実に昇進していくこと」（小さな子どもを2人育てながら、髪の毛を振り乱して国連で働いていたとき）

「シングルマザーは社会的信用度の高い組織で働かないと親子で差別される」（日本に帰国し、離婚してひとりで子どもを育てることになったとき）

今、私がこれらの不安や心配が「呪い」だったと振り返ることができるのは、そうした固定観念を乗り越えて、自分で「決断」したおかげで、今の自分があると思えるからです。

思い込みに気づかせてくれる人がまわりにいたり、自分にとって何が一番大事なのか、どんな人生を送りたいのかを考え抜いたりして、辿り着いた決断です。

予期せぬ妊娠がわかり、大学院の事務局に「これから出産と育児があるので入学を辞退します」と言いに行ったときに、

「なぜ？　子育ても勉強も両方やればよいじゃない？　そんな学生はたくさんいるわよ。なぜあなたは『自分にはできない』と思うの？　合理的に説明してちょうだい」

と発破をかけてくれた女性スタッフ。

小学生と乳飲み子を抱えながら、日々の仕事と海外出張に明け暮れ、「もっと余裕を持って子育てをしたいな。でも、同期は皆頑張って昇進している。ここで組織を辞めたら、今までの仕事が全部無駄になる」と悩んでいたときに、

「仕事は組織に属さなくてもちゃんと続けていける。でも、子どもたちはあっという間に成長してしまって、その時間は後からは取り戻せないのよ」

と言ってくれた国連の上司。

日本に帰国して、ひとり親になることが決定し、「日本では母子家庭は差別される。ちゃんとした所に所属して、社会的信用を得ないと子どもたちが不憫。でも、長時間労働はできない」と途方に暮れたときに、

「今一番大事なのは子どもたち。フリーランスで頑張ってみよう」と決断できたのは、今はメールもインターネットもあるから、自分の専門性を活かしながら、時間に融通のきく働き方ができるはずと思えたから。そして当面は暮らしていける蓄えがあったからです。

もし、自分の意思ではなく、「こうあるべき」「これが普通」という固定観念に自分の決断を委ねていたら？　今のキャリア、今のライフはなかったと思います。

私たちの人生は、一つひとつの決断の積み重ねです。自分を縛っている「呪い」に気づき、乗り越え、納得のいく選択・決断をすることが、幸せな人生の秘訣だと思います。

２０１６年12月13日、日本政府主催の「国際女性会議ＷＡＷ！２０１６」が2日間にわたって東京で開催されました。これは、「女性活躍推進」を重要課題として掲げる安倍総理が主導して、２０１４年から毎年開催している国際会議です。

グローバル企業の最高執行責任者、閣僚や国会議員、国際機関幹部といった国内外の女性リーダーが集結します。

2016年の基調講演者は、インスタグラムの最高執行責任者、マーニー・レヴィーンさんでした。

彼女は「女性たちが働きやすい社会を創りたい」という目的を持って長年政府で働いてきましたが、2010年にfacebookに転職、2015年にインスタグラムのCOOに就任されました。

レヴィーンさんは、この基調講演で次のようなパワフルなスピーチをされました。


ITやSNSなどの技術革新が従来の「働き方」「仕事のあり方」にとても大きな変化をもたらしている。今までは「職場」も「労働時間」も固定されている「男社会」だった。でも、これからも発展していこうという企業はどんどん技術革新を導入しているし、起業のハードルもどんどん下がっている。

これからの女性たちは、もっと自由に時間や場所にこだわらず、フレキシブルに働くことができるようになるわ。


私は、5月に世界の先進国・新興国20カ国が集まり、世界経済について議論するG20の女性フォーラムに出席したのですが、そのときにも「女性の経済的エンパワーメント」

「女性の仕事・働き方」の中心的なテーマは、「技術革新」と「デジタル経済」でした。

これからの20年で「大企業などによる従来型雇用」は大幅に減り、「起業」や「デジタル経済」（インターネットを活用したビジネス）が、世界中の女性たちの主な生計手段になる、だから女性たちが身につけておくべき教育やスキルも大きく変わっていくという話でした。

日本にいるとピンときませんが、世界は動いています。日本にもその波は確実にやって来るでしょう。


一方、「WAW！」では女性活躍推進法などの法整備や働き方改革は進められているけれど、日本には未だにたくさんの「呪い」があり、若い女性たちを縛っているということです。私が担当した、

「若者が作りたいジェンダー平等社会とは～現状と課題～」

「地方からのイノベーション：女性が『真』に輝く社会とは？」

という2つのスペシャル・セッションには、「日本の女性のリアル」をよく知っている人たちが登壇してくれました。

例えば、女子大生を共働き家庭に「留学」させ、「仕事と子育て」を両立しているロールモデルに繋げるNPOを主宰している大学生や、生きづらさを抱える10代から20代の女

性を支援するＮＰＯの職員、東日本大震災の被災地で若手女性リーダーの育成に励んでいる女性、日本全国の女性営業職ネットワークの主宰者などです。

そんな彼女たちから、女性の活躍を阻んでいるのは、

「女性の幸せは結婚して子どもを産むこと」

「バリバリ働く女性は結婚できない」

「意見を言う女性、上に立とうとする女性は生意気」

「女は家にいるもんだ」

「育児や家事は女性の責任」

「性暴力やＤＶは被害者の女性のほうにも落ち度がある」

という固定観念・価値観だという報告がありました。


なんという、「呪い」の数々……。


日本の若い女性が抱える悩みや不安の根っこにあるのは、多くの場合、こうした「呪い」ではないでしょうか？

自分らしく、幸せに生きるためには、まずは「呪い」の存在を認識し、それを解かなけ

ればなりません。

そのためには「広い視野」が必要です。今と過去だけではなく、未来を見据える力。

自分のまわりの人だけではなく、日本中、世界中にいるロールモデルを見つけ、ヒントを得る力。

世界はこれからどう変わるの？　日本は？

今、活躍しているように見える女性たちは、どうやって「呪い」から自分を解放したの？

この本が、あなたが「賢い選択」をしながら、主体的に生きていくためのガイドブックになることを願っています。

大崎　麻子

第1章

エンパワーメント

働くミレニアル女子のライフ・プランニング

第2章

クリティカル・シンキング

人生を自分でプロデュースするための基礎力

第3章

レジリエンス

賢く、生きるために
「今」やっておきたいこと

第4章

ジェンダー・バイアス

日本の「女性活躍推進」の壁とこれから

第1章

エンパワーメント

働くミレニアル女子のライフ・プランニング

01 人生80年、あなたは今どこにいる？

女性の価値は「若さ」にあると思っていませんか？

「人生時計」って、聞いたことがありますか？

人の一生を1日（24時間）に置きかえたときの時間のことだそうです。

人生80年として計算すると、たとえば10歳の子どもは午前3時、20歳の若者は午前6時、30歳なら午前9時です。自分の生年月日と性別（男女で平均寿命が違うため）を入れると、自動的に計算してくれるウェブサイトもあります。

46歳の私は、もう立派なアラフィフだし、子育ても一段落したし、夜更かしするのがキツくなってきたしで、感覚的にはもうそろそろ夕方ですが、そのウェブサイトで調べたら、なんと、まだ午後12時50分！　ランチのあと、午後からまたひと働きするぞ！　という時間帯でした。

世界保健機関（ＷＨＯ）の２０１６年の世界保健統計によると、日本人の平均寿命は、

83・7歳で世界首位。

男女別では、日本の女性の平均寿命は86・8歳で、やはりダントツの第1位です。そう考えてみると、アラフィフの私も人生時計ではお昼過ぎ、というのも納得できます。

テレビドラマ『逃げるは恥だが役に立つ』では、49歳の百合ちゃんが「いい年してみっともなくないですか？」なんて嫌みを言われていましたが、まだまだ人生時計では真っ昼間ですから、堂々と恋愛すればいいじゃない？　と思ってしまいます。

日本はこんなに平均寿命が長いのに、女性の価値は「若さ」にあると思ってしまいがち。25歳は人生時計だとまだ朝7時半です。

進学、就職、結婚、妊娠・出産、子育て、仕事、といったライフイベントが集中しているのが10代後半から30代なので、その年代の女性はついつい短期決戦型の思考に陥りがちです。焦ったり、同世代の女性たちや友人たちが今、「何を持っているか」「何をしているか」がとても気になったりします。

「Grass is greener（隣の芝生は青く見える）」とはよく言ったもので、自分が持っているものではなく、自分が持っていないものに目がいきがちです。

そんなときは、深呼吸をして、ズームアウトして、「LIFE（人生）」という軸で、自分の生き方や自分らしさを考えてみてはどうでしょうか？

●「仕事」か「子ども」かの二者択一ではない

今から20年前の1997年、私は国連に就職しました。大学院卒業ほやほや、しかも、すでに2歳の子持ち。子どもを産んだことに後悔はまったくなかったけれど、大学や大学院時代の友だちは皆、1日24時間を自分のために使える状況で、仕事や習い事や遊びに邁進していて、キラキラと輝いているように見えました。

それにひきかえ私は、息子の保育園のお迎えの時間やベビーシッターさんとの約束の時間に縛られ、帰宅した後は食事やお風呂や読み聞かせでてんてこ舞い。いつも時間に追われ、いつも疲れていました。

仕事も子育ても中途半端で終わってしまうのかな？　もっともっと頑張らないといけないのかな？　自問自答する毎日でした。

あるとき、国連の邦人職員会の企画で、当時、国連難民高等弁務官事務所（UNHCR）のトップを務めていらっしゃった、緒方貞子さんを女性職員で囲む会というのがありました。

1990年代はバルカン半島やアフリカで内戦が頻発し、難民問題が深刻化していました。そんな中、現場に何度も足を運び、関与や支援の拡大に消極的な大国の代表者たちに

国連とは

国際連合　UNITED NATIONS

4つの目的

- ☑ 全世界の平和と安全を維持すること
- ☑ 国と国の間の友好関係を育てること
- ☑ 国際問題の解決と人権尊重を促進すること
- ☑ 各国の協調・協力を推進すること

活動の主な柱

1. 平和と安全
2. 開発
3. 人権

檄を飛ばし、さらには紛争と隣り合わせで働くＵＮＨＣＲ職員の身の安全の保障のために尽力する緒方さんは、国連の中でも本当に尊敬されていました。

同じ日本人として、とても誇らしく、憧れの存在でした。

ＵＮＨＣＲの本部はスイスのジュネーブにあるので、国連総会や重要な会合でニューヨーク本部にいらっしゃるときは、寸暇を惜しんで邦人職員のためにお話をしてくださることも多々ありました。そのときはこぢんまりとした囲む会、しかも女性限定ということで、ペーペーの職員ではありましたが、私も張り切って出かけました。

そして、思いきって質問をしたのです。

「私はＵＮＤＰで仕事をしていますが、２歳の子どもがいます。日々、どうにか時間のやりくりをしている状況です。どっちつかずになってしまって、焦ることもあります。緒方さんはどのように、ご家庭を持ちながら、キャリアも構築されてきたのでしょうか？」

今思うと、あの緒方さんに随分と個人的な質問をしたなぁと恥ずかしくなるのですが、そのときに返してくださった言葉が、今も私の生き方・働き方のバックボーンになっていると思うのです。

「女性は人生というスパンで物事を考えるとよいのでは？ 人生には色々なステージがあるから、子育てに集中する時期があってもよいし、仕事に集中する時期があってもよい。子育て中は仕事の量をセーブしつつ、働き続けることもできる。それに、子育ての経験だって、後々、仕事の役に立つこともたくさんある。長期的な視点に立って、キャリアを考えるとよいのでは？」

子育ての経験も仕事に役立つというメッセージが、このときの私には目から鱗であり、大きな励みになりました。

緒方さんご自身が、お父様から「結婚した後も続けられる仕事だから」と薦められ、政治学の研究者としての道を選ばれたことはよく知られています。その後、２人のお子さんを育てながら研究を続け、大学で教鞭を執り、40代後半に国連日本政府代表部の公使として外交・国際関係の現場に立たれるようになったのです。

「仕事」か「子育て」かの二者択一ではなく、そのときのライフステージに応じて、自分でバランスを考える。

男性とは違うタイムスパンでキャリアを考える。
子育ての経験だって、仕事にフィードバックすることができる。

緒方さんのアドバイスは、キャリアというものをガチガチに捉えていた26歳の私に、「人生という時間軸」という大きな視点と柔軟な思考を与えてくれました。

長いスパンで働き方を考え、仕事は誠実に果たすこと

ただ、ここで注意しなければいけないのは、緒方さんが40代になってから外交・国際関係の現場で本格的にデビューされ、その後、大活躍されたのは、単に「長期的視点を持っていた」からではありません。

そこに至るまでの道のりで、一つひとつ、地道に、着実に実績を積んでいたからです。私はそのことをもう一人の国連の大先輩からも学びました。

私が働いていたUNDPニューヨーク本部開発政策局の局長を1998年から2002年まで務められていた、渡辺英美さんです。

かつて、国連も終身雇用のシステムがありましたが、私が就職したあたりから、そのシステムは撤廃。契約ベースになりました。

それぞれのポストは任期がだいたい2~4年で、その後は自分でポストを見つけ、応募し、公正な選考プロセスを経て、そのポストをゲットしなければなりません。

「新しいポストに就いたら、すぐに次のポストを探し始めなさい」

「その次のポストに繋げるには、目立つ国で目立つ仕事をしたほうがよい」

など、戦略的にキャリア構築をしなさい、というアドバイスを当時はよく耳にしました。

私としては「国際機関ってそんなもんなのかなぁ。みんな、戦略的に渡り歩いてエラくなるのかなぁ」と腑に落ちない気持ちでした。

そんなときに、国連児童基金(ユニセフ)のバングラデシュ事務所所長から、UNDP開発政策局長に白羽の矢が立ったのが、渡辺英美さんでした。局長というのは、Assistant

Secretary General（ASG）、国連事務次長補という、トップランキングのポストです。

どんな方なのだろうか、やはり戦略的に登りつめたのかな、と興味津々でした。

邦人職員会の若手職員に向けた企画でしたが、「エラくなる秘訣は何ですか？」という趣旨の質問に対して渡辺さんは、次のようにおっしゃったのです。


「与えられた仕事を一つひとつ誠実にこなすこと。それが次の仕事のドアを開けてくれる」


私はそれを聞いて思わず膝を打ち、「やっぱり、そうだよね！」と心の中で叫びました。

その後の数年間、開発政策局は当時のUNDPとしての組織改革のあおりを受け、非常に厳しいリストラ・機構改革を断行したのですが、その陣頭指揮を執った英美さんは、無理難題の一つひとつに、スタッフ全員に、誠実に向き合い、リストラという難しいミッションを全うすると同時に、スタッフ全員の尊敬を集めていました。

「ズームアウト」の視点も必要ですが、同時に、今与えられている仕事を誠実に、確実にこなしていくこと、そういう地道な姿勢「ズームイン」の視点も大切だと思います。

緒方さんも渡辺さんも、自らがアピール活動をしてトップ・ポジションをゲットしたわけではなく、誠実なお人柄とこれまでの実績を誰かがちゃんと見ていて、正当に評価されために大抜擢されたのだと思います。

だからこそ、現場の人たちの命や生活に直結するような、ときにハードな選択を下さなければならないような任務を全うし、下で働く人たちの尊敬を集め、伝説となったのだと思います。

ちょっと大きな話になってしまいましたが、長い目で、生き方や働き方を考えること、それと同時に、今与えられた仕事や役割を誠実に果たすこと、その2つを心がけていくことが大事です。

02 「幸せ」のグローバル・スタンダード

■人の数だけ、幸せの形がある

つい先日のこと。女性のウェルネスをテーマに仕事をされていて、最近出産もされた、とても素敵な女性から、「クライアント先の男性に『女性の幸せって、なんだろう？』と聞かれて、うまく答えられませんでした」と言われました。

一昔前は、「子育て」や「家族の団らん」が女の幸せの象徴だったけど、最近は子どもを産まない女性も増えてきたし……ということのようです。

それに対して、私の答えはシンプルです。

女性の幸せ、男性の幸せ、などというものはありません。あるのは、人として幸せかどうか、です。「女性の幸せ」「男性の幸せ」と性別で定義づけた「幸せのあるべき姿」が、世の中の女性と男性を苦しめてきたのではないでしょうか？

子育てに幸せを感じるのは、女性だけではありません。私のまわりには子育てを心から楽しみ、ＰＴＡ活動にも積極的に参加するお父さんはたくさんいます。同じように、仕事に生きがいを感じる女性もたくさんいます。

娘が小学校のときのことです。ＰＴＡの懇親会の場で、あるママに「でね、私の友だちが離婚しちゃったの。結局、そうやって不幸になっちゃったのよね」と言われました。

私が離婚経験者だということを知らなかったのでしょう。確かに離婚そのものはつらい経験でしたが、子どもたち、やりがいのある仕事、理解のある家族や友人たちに囲まれて、大変なこともあるけど充実した日々だと思っていたので、

「そんなことないよ、その友だちも第二の人生を歩みだして、きっと幸せになるよ！」と心の中でつぶやきました（でも、その一言を今もまだ覚えているということは、そのとき少し傷ついたのかもしれませんね）。

「女の幸せ＝結婚」と考える人には、未婚者も非婚者もバツイチも不幸にみえる、もしくは、不幸でいて欲しいと思うのかもしれませんが、実際はそんなことはありません。

「女の幸せ」などというものはなく、人の数だけ、幸せの形があるのだと思います。

最近、『美婆伝　90歳を超えても美しく働き続ける11人の物語』（土本真紀／講談社）という本を読みました。

化粧品販売・美容部員のポーラ・レディの中には、90歳を過ぎてもまだ現役、という女

性たちが数百人単位でいるそうです。

2012年に出版されたこの本で紹介されている女性たちは、大正11年（1922年）より前に生まれた方々。太平洋戦争が終わったときは25歳前後です。

戦前、女性たちに参政権すらなかった時代から、戦争で被災したり、子どもを亡くしたりという経験を経て、復興・高度経済成長を支えてきた女性たちです。結婚して子どもを育てながら働いた人もいれば、元は専業主婦や農家のお嫁さんで、子育てが一段落した50歳くらいになってから働き始めた人もいます。離婚経験者もいます。

結婚や家族に対する価値観はそれぞれ違うけれど、一様に、女性が経済的に自立することの大切さや、生涯現役でステップアップしながら働くこと、周囲の人たちとの関わりの中で生きることの楽しさを語っていらっしゃっているのがとても印象的でした。

人生80年時代どころか、90歳を過ぎても現役で社会と関わり続ける女性たちはますます増えることでしょう。

■エンパワーメントは、幸福の土台

子どもを産んだとき、「この子には将来、幸せな人生を送ってほしい」と心から思いました。「自立して、幸せに生きていけるような土台を創ること」が子育てのゴールだということはハッキリと意識していましたが、そのためにどんな育て方をすればよいのかは、最初は見当もつきませんでした。

ちょうど大学院で国際人権・人道問題を専攻し、世界には紛争や人権の問題が山積みになっていることは知っていたので、「この子が生きる、これからの時代に向けて、平和な世界を創らなければならない！　私も何かしなければ！」という意識だけがなぜか先走りし、それが原動力となって、息子が2歳のときに国連で働くことになったのです。

私が26歳のときに就職したUNDPは、国連の開発援助機関として、「人間開発」(Human Development) という考え方を提唱し、それに基づいてあらゆる支援を行っている組織です。

子どものころから、世界の平和や貧困の問題に関心を持ち、勉強してきた人とは違って、子どもを産んで〝急に〟目覚めてしまった私は、「開発」について、ハッキリ言って無知でした（今思うととんでもないですね。ごめんなさい！　という気持ちでいっぱいです！）。

開発援助については、日本で報道されているようなことしか知りませんでした。つまり、大規模なダムや道路を作って環境破壊をしているとか、ＯＤＡ（政府開発援助）を巡る汚職があったとか、ダーティなイメージです。ところが、UNDPが提唱している「人間開発」という考え方は、そのイメージとはまったく対極のものでした。

一人ひとりが持って生まれた可能性を開花させ、
人生における選択肢を広げ、
社会の一員として尊厳のある人生を送れるようにすること。
開発の目的は、それを可能にする環境を創ること。

このようなコンセプトだったのです。「それって、そのまんま、子育てに当てはまるんじゃない!?」と思いました。親の役割は「環境づくり」なんだな、と腑に落ちました。

では、どうすれば人は、持って生まれた可能性を開花させて、尊厳のある人生を送れるようになれるのでしょうか？

「人間開発」の考え方では、次の4つの能力・要素が必要だとしています。

①健康
②教育

③生計手段・経済力

④社会・政治への参画（参加ではなく参画とあるのは、より主体的に関わることを意味します）

この4つの要素を身につけるプロセスを「**エンパワーメント**」といいます。**人生における選択肢を広げ、自分の意思で選び取りながら生きていくための力を身につけるプロセスです。**それが、尊厳のある人生を送るための必須条件であり、「一人ひとりの幸福」の土台だというのが世界で共有されている考え方なのです。

健康、教育、生計手段・経済力は、まぁ、わかるけど、④の社会・政治への参画は、「ん？　なぜ？」と思う方もいるかもしれません。私も最初はピンときませんでした。健康、教育、生計手段・経済力だけで充分に「自立」できるじゃない？　と思っていたからです。

エンパワーメントとは、単に「自己責任で生きる」ための術を身につけるのではなく、地域や社会と繋がり、色々な人たちと「助け合いながら生きる」「より良い社会を築いていく」ための術を身につけることを提唱する考え方です。

政治に主体的に参加することで、どんな法律が作られているのか、税金がどう使われているかをチェックし、法律や行政サービスに自分たちのニーズがちゃんと反映されるように声を上げ、より生きやすい社会、暮らしやすい社会を自分たちで創っていく。

社会づくり、未来づくりに、主体的に参加することも、エンパワーメントの一部と考えられているのです。

親はいつまでも子どものそばにいることはできません。子どもが世界のどんなところでも、自分の居場所を見つけ、他の人たちと協力しながら生きていけること。それが、何にも代え難い「生きる力」です。

子育て本の中には、いかに最先端の教育を受けさせるべきか、いかに稼ぐ力を身につけさせるべきかを説いたものはたくさんあります。

でも、**「社会と繋がり、助け合いながら生きる」**術こそが、将来、子どもが幸せに生きていくうえで、また、困難を乗り越えていくうえでの助けになる、ということを世界各地でのエンパワーメント支援に携わる中で実感するようになりました。

自分はこれからどう生きていきたいのか。

親として子どもにどんなことを授けてあげればよいのか。

まだ人生経験も浅く、迷いも多かった26歳の私に揺るぎない方向性を示してくれたのが、「人間開発」という考え方であり、「エンパワーメント」という手法でした。

エンパワーメント＝幸せの土台。それがグローバル・スタンダードなのです。

■ 世界の女性・女の子のエンパワーメント

さて、私のライフワークは、

「世界中の女性のエンパワーメント」

です。

1997年に大学院を卒業してから20年。

世界中の開発途上国で、東日本大震災の被災地で、そして東京をはじめ、日本各地で「女性のエンパワーメント」に携わってきました。

2015年9月、国連加盟国193カ国は全会一致で、持続可能な開発目標（SDGs）を採択しました。持続可能な地球と社会を創るために、すべての国で2030年までに達成しようという17の目標を掲げています。そのうちの一つ、ゴール5が「ジェンダー平等と女性・ガールズのエンパワーメント」です。

エンパワーメントは、男女問わず、すべての人に必要なプロセスですが、「女性」「女の子」に関しては、意識して取り組まないと、機会を逃してしまうことがある。だから、とくに力を入れて皆で一緒に取り組んでいきましょう、というのが世界共通の認識です。

国際社会には、すでに確立した理論とノウハウがあり、それに沿って世界各地でたくさんの取り組みが行われています。

私たちは日常生活でも、人生でも、たくさんの選択をしながら生きています。

それまでの選択の積み重ねがその人の歴史ですし、人生そのものといっても過言ではありません。


進学するか、しないか。

何を勉強するか。何を専攻するか。

どんな職に就くか。どんな働き方をするか。

管理職を目指すのか。スペシャリストを目指すのか。

どんな人と、どんなつき合い方をするか。

結婚するか、しないか。いつ、誰と結婚するか。

共働きにするか、専業主婦になるか。

子どもを産むか、産まないか。いつ産むか、何人産むか。

それぞれ、人生における大切な選択です。
その**一つひとつを自分以外の人に委ねずに、自分で決めること。**

それが「自分らしく、幸せに生きる」ための第一歩だ、というのがグローバル・スタンダードです。

当たり前のことのように思いますが、こうした選択を女性自身が自分の意思に基づいて行なうことを良しとしない価値観や慣習、ひいては法律まで残っているところもまだあります。

■「知識」「経済力」は子どもの命を助ける

私が理事を務めている国際協力NGOプラン・インターナショナル・ジャパンのこんなポスターを見たことはありませんか?

「13歳で結婚。14歳で出産。恋は、まだ知らない。」

このキャッチコピーは、皆さんのような若い女性や、娘がいるお母さんやお父さんから大きな反響がありました。このフレーズが示しているのは、「結婚も、出産も、本人の意思ではない」ということです。

©プラン・インターナショナル

国連は、開発途上国の3人に1人の女の子が18歳未満で、9人に1人が15歳未満で結婚しているという統計を出しています。18歳未満は子どもですから、「児童婚」（child marriage）です。とくに農村部の貧困家庭で多く、口減らしや借金の肩代わりや経済的なリターンを得るために親によって早くに結婚させられます。

「児童婚」が、女の子たちの教育機会を奪います。充分に成長していない身体で妊娠・出産をすることで健康を損なうことも多く、結果として、自分の意思で選択できない状況に追い込みます。

今は、そんな状況を変えていこうという気運が世界各地で高まっています。

国連に加盟している193カ国のすべての国が「女性が自分で自分のことを決める権利をもつこと」に賛同し、それが国際社会共通の目標になっているからです。

私が勤めていたUNDPでも、「人間開発」の考え方にのっとって、**「健康」「教育」「生計手段・経済力」「社会・政治参加（参画）」**の4つの領域で女性支援のプロジェクトを展開していました。

たとえば、代表的なものでいうと、次のようなものです。

①健康：リプロダクティブ・ヘルス、ＤＶや性暴力の予防や被害者へのケア
②教育：女子教育、大人の女性のための識字教育、ＩＴ教育、職業・技能訓練
③生計手段・経済力：雇用創出、起業家育成、小口融資
④社会・政治参加（参画）：女性政治家の育成・サポート、有権者教育

女性たちが健康に関する知識を身につけ、適切な医療サービスを受けられるようになり、字の読み書きができるようになり、さらに幅広い知識と技能を身につけること。

それが人間らしく生きるための最低限の条件です。

ベトナムでも、カンボジアでも、グアテマラでも、ミャンマーでも、子どものころには女の子だからという理由で、学校に行かせてもらえなかった女性たちにたくさん会いました。

お母さんになった彼女たちが、自分で字の読み書きができるようになったとき、とても自信に満ちた、晴れやかな表情を見せてくれました。

人間にとって「学ぶこと」は、自信と尊厳の源になるのです。

さらに、健康な身体と教育を土台にして、生計手段を確保し、経済力が身につくと、選択肢は格段に増えます。家の中や地域での発言力も増します。

そして、これまでは男性だけで決めていたこと。たとえば、「村のどこに井戸を作るか」など、使うのは女性なのに男性だけで決めていたような事柄に対しても、女性たちで連帯し、自信を持って意見を言えるようになります。

そもそも、女性たちの意見に基づいて場所を決めたほうが、はるかに効率的なのですが、「意思決定は男性の仕事」という規範が邪魔をしていました。ところが女性たちが知識をつけ、団結することで、意思決定にも対等に参画できるようになるのです。

こうして、地域や社会のあり方自体を女性たちにとってより暮らしやすく、次世代の女の子たちにとって生きやすいものにしていこうという動きが自発的に出てきます。

女性たちが知識と経済力を持つと、子どもたちの健康状態が良くなることもわかっています。なぜなら、お母さんたちが、赤ちゃんや小さい子どもの死の多くは予防接種で防げることを学び、さらに自分のお金でバスに乗ってクリニックに連れていくことができるようになるからです。

日本の乳幼児死亡率の低さは世界トップクラスですが、途上国では未だに5秒に1人の子ども（5歳未満の乳幼児）が命を落としています。その大部分が予防接種や手洗いの習慣で防げる死なのです。問題は、お母さんがそのことを知っているか、そして自分の意思でアクションを起こすための経済力を持っているかどうかです。

開発途上国では今日も、女性が自分の意思に基づいて、主体的に生きていけるようにするためのエンパワーメント支援が行われています。

■「女子力」のグローバル・スタンダードも「エンパワーメント」

日本では？　先進国ではどうでしょうか？

「自分で決める」「自分らしく、主体的に生きる」なんて、当たり前？

そうでもありません。先進国にもまだまだたくさんの「呪い」が残っています。

ディズニー映画『アナと雪の女王』はご覧になりましたか？　映画は観ていなくても、主題歌の『Let It Go（邦題「ありのままで」）』は聞いたことがあるのではないでしょうか。

ご存知の通り、この歌は世界的なメガヒットとなりました。

世界中の女の子が「レリゴ〜〜」と声を張り上げて歌っていました。なぜでしょう？

第3章で詳しく触れますが、映画『アナと雪の女王』の主題は、「女の子（若い女性）のエンパワーメント」です。

『Let It Go』はまさに、主人公のプリンセス、エルサが「周囲からの期待」「社会における当たり前」と「自分の意思」の狭間で葛藤する心情をビビッドに描いた歌なのです。

『Let It Go』（大崎麻子訳）

おかしなことだけど
距離がすべてをちっぽけに見せてくれる
かつて私を支配していた恐れも
今の私には全然とどかない

今こそ、私にできることが何かを知るとき
限界に立ち向かい、打ち破るの
何が正しいか、何が間違っているかなんてルールは私にはない
私は自由だわ

Let it go! Let it go!
私は風と空と一体になる
すべてを出して、出しきって

もう私は決して泣き顔をみせないわ
私はここに自分の足で立ち、ここにいる
嵐よ、吹き荒れなさい

この葛藤、そして「恐れずに自分らしく自由に生きていく！」という宣言に、アメリカだけではなく、世界中の女の子や女性たちが共感し、曲の素晴らしさも相まって、あれだけヒットしたのだと思います。

歌の中では、今まで自分を抑圧してきた人たちや、世間や、価値観を一旦シャットダウンするところまでが描かれています。

映画では、この歌のシーンのあと、家族の無償の愛と周囲の助けによって、社会に戻り、リーダーとなっていくストーリーが感動的に紡がれていきます。

「自分の意思を持つ」ことに、恐れや不安を感じる女の子や女性たちは、まだまだ世界中にたくさんいるのです。

また、自分がどうしたいかよりも、まわりの人の意向を優先させてしまったり、まわりがどう思うか、ということを基準にして決めてしまったり。そんな女性もたくさんいます。

なぜでしょう？

やはり、「女性のあるべき姿」「女性は○○して当たり前」といった社会通念や「意思を持つこと」「自分で決めること」「行動すること」を女性に求めないような社会規範、さらには「女性自身の自信のなさ」も背景にあるのではないでしょうか。

2015年のカンヌ国際広告祭のPR部門でグランプリを受賞した、P＆G社の生理用品ブランド「Always（日本ではWhisperブランド）」の「Like a Girl」というCM動画が世界的に大変な話題になりました。

▢「本当の『女の子らしさ』って何？」（朝日新聞デジタル）
http://www.asahi.com/and_w/interest/SDI201507148263l.html

場面は、とあるオーディション会場。

「女の子みたいに走ってみて」「女の子みたいにボールを投げてみて」「女の子みたいに闘ってみて」と指示をされると、若い女性、男性、男の子は、一様に弱々しく、身体をくねらせて、きゃ〜〜〜っという感じの動作をします。

ところが、思春期前の小学生の少女たちは、全力で走り、全力でボールを投げ、全力でパンチをする動作を見せるのです。

思春期の前とあとでは、「女の子のように（Like a girl）」の意味することが、「自分らしく、全力で」から「弱々しく、可愛らしく」「侮辱の対象」に変わっていくことを浮き彫りにしています。知らず知らずのうちに「女性としての振る舞い方」を身につけてしまっていることにドキリとさせられました。

先日、日本で、60人以上の女子高校生たちにワークショップをしました。最初に「女子力が高い子って、どんな子？」と聞いてみると――。

- ▢字がきれい
- ▢髪がキレイ
- ▢ティッシュとハンカチを必ず持っている
- ▢絆創膏を持っていたら、すっごい女子力高い
- ▢お菓子づくりが得意
- ▢気配りができる

□怒らない
□控えめ。でしゃばらない

キーポイントは、「きれい・可愛い」「気配り」「控えめ」でした。私が思春期を過ごした「昭和」の時代と変わらないことにビックリしました。しかも、未だに「女子力＝モテ力」。日本の男性から「良し」とされる（であろう）女性のイメージです。

「じゃあ、自信を持って、私、女子力高いです！　って言える人、手をあげて！」と言うと、みんな一斉ににやにやし、誰一人手をあげません。

「こういう女の子がモテる」という「イメージ」は認識しているけど、少なくとも自分は違う、あてはまらないと思っている、そんな感じでした。それが女性たちの自信のなさにもつながっているような気がします。

女性のリーダーシップに関する世界的な調査でも、職場などで、「どんどん意見を言う」ことが、男性は「積極的」とポジティブに評価され、女性は「自己顕示欲が強い・攻撃的」などとネガティブに評価されがちだということがわかっています。

字がきれい、気配りができる、怒らない。どれも「良い資質」だと思いますが、女性ならではの資質ではありません。

字がきれいな男性も、気配りができる男性も、お菓子づくりが得意な男性も、世の中にはたくさんいます。男・女ではなく、「その人らしさ」で評価するマインドを身につけていきたいものです。そして、近い将来、「力強さ」や「勇敢さ」も、魅力的な女の子の要素として「当たり前」になると良いなと思います。

実際、性別ではなく「その人らしさ」を良しとする価値観の形成に向けて、今、世界各地で大きなうねりが起こっています。カンヌ国際広告祭でジェンダー部門が創設されたのです。これからはＰＲ・広告業界でも、こうした社会的メッセージの発信が一つの主流になり、その大きな波はきっと日本にもやってくるでしょう。その話は、また後で。

「自分の意思を持ち、自分で決めながら、自分らしく生きていこう」と決心したら、エンパワーメントの４つの要素を思い出してください。

健康、教育、経済力、社会・政治参画。

これは、開発途上国だけではなくて、先進国の女性たちが自己決定しながら、尊厳のある人生をおくるためにも大切な要素です。

毎年秋に世界経済フォーラムが発表するグローバル・ジェンダー・ギャップ指数も、**「健康」「教育」「経済」「政治」**の４つの領域での男女格差に注目していることからもわかります。世界各地で、女性たち一人ひとりがこれらの分野での力をつけ、男性と女性の間の格差をなくし、男性も女性も同じように自分の持って生まれた可能性を伸ばし、尊厳のある人生を送れるような環境づくりを進めています。

さて、日本の現状は？

２０１７年は調査対象１４４カ国中１１４位でした。分野別に見ると、**健康では1位、教育は74位**とまあまあですが、**政治は１２３位、経済**にいたっては**１１４位**と下から数えたほうがはやい、という結果でした。

日本の特徴は、「意思決定の場」（企業や行政機関の管理職・幹部職、国会議員等）に女性が圧倒的に少ないということです。政府は「２０２０年までに管理職に占める女性割合を20％にする」というゴールを掲げていますが、それとは裏腹に、未だに「控えめであること」が中高生の考える「女子力」に含まれているのが今の日本です。

積極的に自分の意見を述べたり、生徒会長などのリーダーシップ・ポジションを経験したりという機会が少なく、自信がない、ということもあるでしょう。

また、就職した後は、結婚や出産を経て、家事や子育てに費やす時間が増え、管理職になるために必要な職務経験を積んだり、研修や社内外でのネットワーキングに時間を割いたりできなくなるという事情もあるでしょう。
「女性（女子）のあるべき姿」や、家事・育児は女性の責任という「ジェンダー役割」のような「女性特有の障壁」を取り除かなければ、意思決定の場に女性を増やすのは難しいと思います。

よく、「日本の女性の教育レベルは高い」と言われますが、世界レベルで見ると74位。高校までの就学率には男女格差はほとんどありませんが、大学進学率で男女差があり、それが順位の低さに繋がっています。先進国では女性の大学進学率のほうが高い国も多いからです。詳しくは、第４章で解説します。

ＯＥＣＤのレポート（『図表で見る教育２０１７年版』）は、大学教育での専攻分野に男女間で大きな偏りがあると指摘しています。将来より高い賃金が見込めるＳＴＥＭ分野（科学・技術・工学・数学の頭文字を取った４つの領域）に占める女子学生の割合がＯＥＣＤ加盟国の中で最下位なのです。

その背景には、やはり、「理系は男子向き」という固定観念があります。

確かに、私が大学の授業の一環で「女性だからあきらめたこと」を書き出してもらうと、毎年必ず「理系に行きたかったけど、親や進路指導の先生から止められて、あきらめた」という学生がいます。

理系の学部や職場は「男ばかり」だからやりにくいだろう、という配慮や、理系に進むと理屈っぽくなって「嫁の貰い手」がなくなるんじゃないか、という昔ながらの心配があるようです。

今、女子中高生やその保護者に向けた「リケジョ・キャンペーン」が盛んに行われているのは、そのような「固定観念」を取っ払い、本人が納得のいく選択ができるようにするためです。日本だけではなく、世界中でSTEM分野の専攻や職業に女性を増やそうという取り組みが行われています。

03 日本人の「幸福度」はなぜ低い？

■日本は世界第51位

国連の報告書でもう一つ、興味深いものがあります。

2012年から発表されている『World Happiness Report』（世界幸福度調査）です。2017年版では155カ国を調査対象国として、各国の「幸福度」を測り、ランクづけています。結果は……？

1位はノルウェーで、その後にデンマーク、アイスランド、スイス、フィンランドと続きます。

幸福度の最も低い国々は、154位がブルンジ、最下位の155位が中央アフリカ共和国で、アフリカの最貧の国々でした。

では、日本は何位くらいだと思いますか？

ちなみに経済大国では、アメリカが14位、中国は79位、ドイツは16位、イギリスは19位です。アジアのトップはシンガポールの26位でした。

日本は、51位。予想通りですか？　それとも、思ったより低い？

一体なにを根拠とした順位なのでしょう？

国連の指標は、**「個人の幸福」**と**「社会全体のあり方」**の両方を見ています。

たとえば、こんな指標を使っています。

- 健康寿命
- 所得（一人当たりのGDP）
- 社会的支援の存在
- 人生における選択の自由度
- 社会の寛容度
- 汚職が多いか（政治の透明性や公正性は保たれているか）

日本は、GDP（国内総生産）ではアメリカ、中国に続き、世界第3位です。

ところが、幸福度は51位。

国の経済規模と人々の幸福度は必ずしも一致しないようです。

一方、順位の高い国々に共通しているのは、

「社会福祉制度が充実していること」
「困ったときに頼れる人がいると答えた人の割合が高いこと」
「個人の人生における選択が尊重されること」
「政府や政治に対する信頼度が高いこと」

だそうです。

また、「より不平等が少ない国」に暮らす人のほうが、幸福度を感じる度合いが高いそうです。

トップを占めている「ノルウェー」「アイスランド」「フィンランド」は、世界経済フォーラムのグローバル・ジェンダーギャップ指数ランキングでもトップ5に入っています。幸福度の高い国々は、「健康」「教育」「経済」「政治」の分野での男女格差が少ない国。男性と女性が等しく権利、機会、責任を分かち合えるようなシステムを整えている国です。

男性も女性も共に働き、納税し、その税収で保育園や病院や介護などの福祉を充実させ、病気や離婚など、いざというときのセーフティネットを整えているような国なのです。

もう一つ注目したいのは、「人生における選択の自由度」という指標です。

性別や年齢にかかわらず、あらゆる選択肢があること、そこから自分の意思や希望に合わせて選択できること、さらにはその選択をまわりが尊重し、ごちゃごちゃ言われないこと。そういう社会は、人々の幸福度が高いようです。

日本の順位は果たして妥当でしょうか。

日本は他の国と比べてインフラも整っているし、電車は正確な時間に運行するし、食べ物は美味しいし、コンビニは24時間空いているし、とても安全に快適に暮らすことができます。

私は世界中の途上国や紛争から復興途上の国に行きました。大都市ニューヨークにも10年間住みましたが、日本ほど快適に安心して暮らせる環境はありません。

1994年に50万人から100万人の人が殺されるという大虐殺があったルワンダから移住してきたある女性は、日本に辿り着いたときに「夜が明けるまでに突然襲撃されるんじゃないか、娘を誘拐されるんじゃないかと怯えずに眠りにつくことができたのは、何年ぶりだろうと思った」と仰っていました。

それなのに、なぜ、幸福度は低いのでしょうか。日本人にとっては謙遜するのが美徳なので、「はい、私は幸せです」と堂々と答えないだろうという意見もあります。確かにそれもあるでしょう。でも、それだけではないような気もします。

日本の幸福度は「属性」や「年齢」に影響される

日本人が感じる「幸福」とは何でしょうか。

興味深い分析があります。内閣府が2008年に行なった「あなたは現在、ご自分のことをどの程度幸せだと思いますか」と問いかけた「国民生活選好度調査」のデータを分析すると、日本人の幸福度は「属性」や「置かれている状況」に影響を受けるそうです。「結婚している」「子どもがいる」「収入が多い」「仕事がある」「若い」といった属性が、幸福度にプラスの影響を及ぼす要因となっていると結論づけています。

日本人の幸福度は、個人の主観というよりも、「属性」と連動しているようです。この「属性」がなくなってしまうと、幸せ度が低下してしまうのでしょうか?

もう一つの日本の特徴は、「年齢が高い人のほうが不幸に感じる」という点です。

諸外国では、「若者と高齢者は熟年層よりも幸福」という傾向があるのに対し、日本は、若いときが一番幸せで、そのあと、幸福度は年齢が上がるに連れて下がり続けるというのです。

若いときは「何でもできる」という高揚感や野心があり、幸福度も高いけれど、仕事や

幸福度は属性や置かれている状況に影響を受ける

幸福度に影響を及ぼす要因

幸福度にプラスの影響	●女性であること ●子どもがいること ●結婚していること ●学生であること ●大学または大学院卒であること ●世帯全体の年収が多くなっていくこと ●困ったことがあるときに相談できる人がいること
幸福度にプラスの影響	●年齢が高いこと ●失業中であること ●ストレスがあること
影響なし	●自営業であること ●何らかのトラブルを経験したこと

（備考）1. 内閣府「国民生活選好度調査」(2008年)により作成。／2.「あなたは現在、ご自分のことをどの程度幸せだと思いますか」との問に対する回答(「幸せである」、「どちらかといえば幸せである」、「どちらかといえば不幸である」、「不幸である」の4段階で回答)と他の質問項目に対する回答との関係を統計モデル(Ordered Probit モデル)を用いて分析した結果。／3. いずれも5%有意水準。／4. 詳細は付注第1－3－1を参照。／5. サンプル数は、全国の15歳以上80歳未満の男女3,752人。

出典：内閣府「平成20年度版国民生活白書」を基に作成

子育てに追われる熟年層は若いころの夢や野心をあきらめざるを得ない状況になる、というのは諸外国も日本も同じようです。

ところが、そのあとが日本と外国の違うところです。

アメリカなどでは、子育てやキャリアが一段落した50代あたりから、幸福度がグングン上がっていきます。

さまざまな責任から解放され、後半の人生を楽しく充実させようという意欲や、人生経験を積むことで身につけた、様々な問題に余裕を持って対応できる能力が幸福感につながっているとされています。

それに対し、この調査を見る限り、日本では年齢が上がるにつれて、幸福度はどんどん低下しているのです。

日本人の幸福度は高齢になっても上昇しない

年齢による幸福度の推移

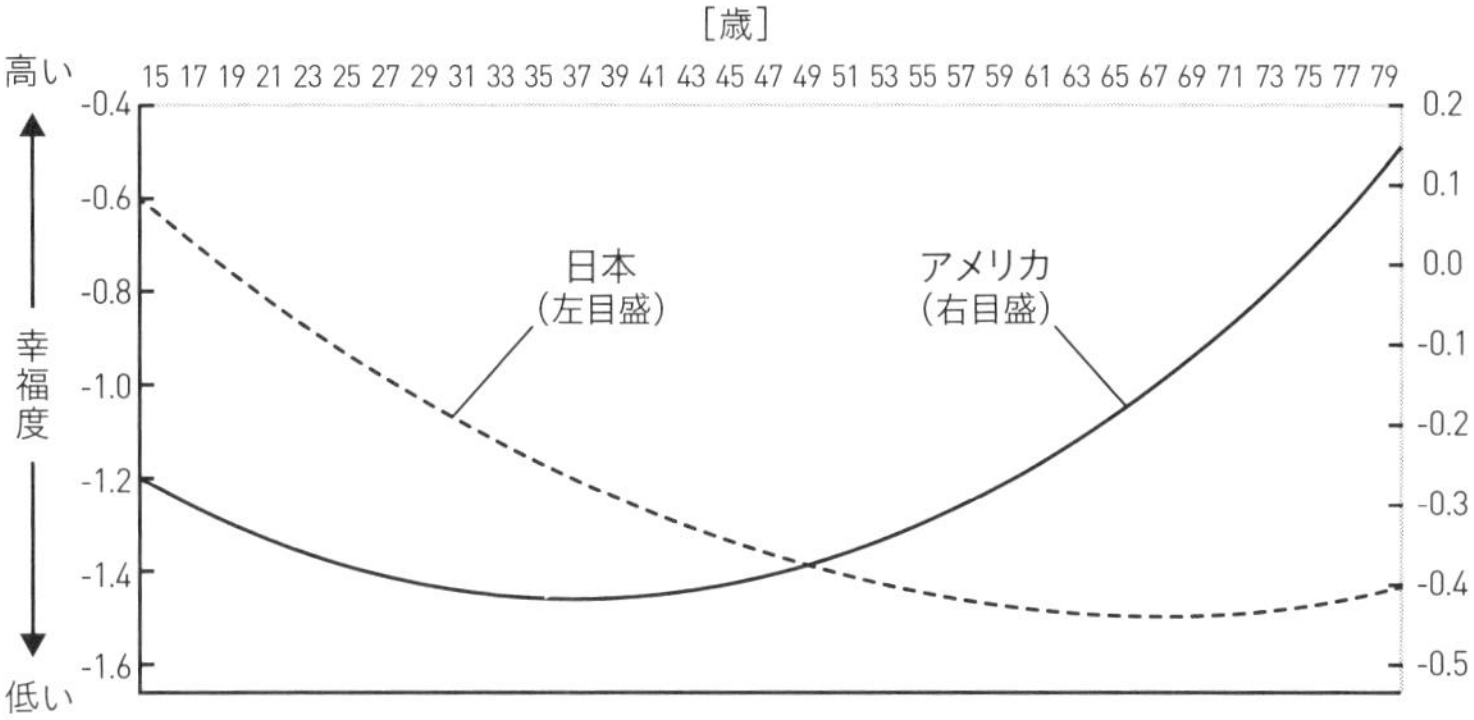

（備考）日本については、付注第1－3－1掲載の年齢および年齢の二乗の推定結果により作成。アメリカについては、David.G.Blanchflower, Andrew J.Oswald「Well-Being Over Time In Britain and the USA」掲載のTable4（1）の年齢および年齢の二乗の推定結果により作成。

出典：内閣府「平成20年度版国民生活白書」を基に作成

「子育て」や「職責」から解放されることを「自己実現のチャンス・機会」と捉えるのか、それとも「親・働き手としての属性からの脱落」と捉えるのか。そこが大きな違いだと思います。

日本の特徴は、「〇〇ちゃんのママ」「××さんの奥さん」「△△会社の部長」や「□□家の大黒柱（稼ぎ頭）」というアイデンティティがなくなったとき、幸福度が下がることです。

もちろん、子育てや仕事での役割を果たしていくことはとても大切なことです。でも、その役目が終わったとき、もしくは、幸福感の根拠だった属性から外れたときに、幸福感がしぼんでしまってはもったいないと思います。

「属性」に関わらず、自信を持って、「幸福です」と言える社会になれば、国連の幸福度ランキングももっと上昇することでしょう。

国連の調査や内閣府の分析から言えるのは、

▢「自分」という軸を持つこと
▢その時々に自分がやっていることに価値を見出すこと
▢困ったときに「頼れる人」「相談できる場所」のような社会的な繋がりを作っておくこと

このようなことが「幸福感」を保つ秘訣になるということではないでしょうか。

04 「ワーク・ライフ・バランス」の次は「WORK＝LIFE」

人間開発としての「WORK」とは

ワーク・ライフ・バランス。日本でもすっかり定着した言葉です。

国際女性会議WAW!でも「ワーク・ライフ・バランス」は主要テーマの一つに位置づけられています。

今までは家事・育児に専念していた女性たちが「社会進出」をするにあたり、どうやって「家庭」と「仕事」を両立させるか？　というのが主な論点でした。

日本では長いこと、「ワーク・ライフ・バランス＝女性の問題」とされてきました。

ところがここに来て、「働き方改革」や第3回目となる「WAW！2016」では、男性の「家庭進出」を促すためにはどうすればよいのか？　という議論が熱く交わされるようになりました。

そして「WAW！2017」では、「無償ケア労働の男女間の分配」をテーマとしたハイレベルパネルが企画され、私はモデレーターを務めました。

男性が家事や育児を「手伝う」のではなくて、共に「担う」にはどうすればよいのか？　というのが新たな論点になったのです。

既婚者だけではなく、独身の男性が親の介護の問題に直面するケースも出てきました。

そこで、男性も女性も、どのように「ワーク」と「ライフ」を両立させるのか、マネジメントするのか。ワーク・ライフ・バランスの問題は、女性だけの問題ではなく、今や、超少子高齢化が進む日本の大きな政策課題になっています。


私がＵＮＤＰに務めていた１９９０年代後半に、ちょうど国連も「ワーク・ライフ・バランスの推進」に取り組み始めていました。

ワークは仕事、ライフは生活。

日々の仕事と、家事・育児・介護などをどう両立させるか、それは、一人ひとりの職員の福祉という観点からも、女性が辞めずに働き続け、管理職に昇進していけるような環境づくりという女性活躍推進の観点からも重要視されていました。

私もジェンダー・チームの一員として、ＵＮＤＰとしてのワーク・ライフ・バランス推進政策の策定やそれを組織内で普及させていくための啓発活動に携わりました。

当時は国連といえども、職員の総数でこそ男女比はほぼ半々でしたが、管理職・幹部職になると、女性比率は激減する状況でした。

ＵＮＤＰは開発支援を行う組織ですから、職場のほとんどは開発途上国の在外事務所です。キャリアを積むためには世界中の事務所を数年ごとに転々としなければなりません。やはり、女性が家庭や子育てなどのプライベートライフと仕事を両立させるのは難しく、辞めてしまう中堅女性職員がとても多かったのです。

そこで、「ワーク」と「ライフ」のバランスを取れるような環境づくりが組織の大きな課題となっていたのです。

具体的な方策としては、たとえばＥメールを利用したテレワークを奨励したり（当時はまだＳｋｙｐｅがありませんでした）、1日30分余分に働くことで、2週間に1日、有給休暇を取れる制度を導入したり、といったことを進めました。

後者の制度は、皆から喜ばれました。

子どもがいてもいなくても、病院や役所は平日しか開いていないことも多いし、趣味やボランティア活動に熱心に取り組んでいる人も多かったので、平日に有給休暇を気軽に取れるのは誰にとっても大助かりなのです。

ちょうどそのころ、私は長女を妊娠しました。報告すると、上司やまわりの同僚は、

「せっかく作ったワーク・ライフ・バランス制度なのだから、どんどん利用するといいわ！」と背中を押してくれました。

それから時を経た2015年12月。

UNDPは「Work for Human Development」（人間開発のための「WORK」）という報告書を発表しました。

この報告書は、この20年間に急速に進展したグローバル化と技術革新（イノベーション）が、いかに世界中の職業の種類や仕事のありよう、人々の働き方を変えたか、これからも変えていくかをつぶさにレポートしています。

そして、当時の「WORK」の概念を一新させています。

この報告書のタイトルは、日本では**「人間開発のための仕事」**と訳されました。ちょっと残念に思いました。この報告書が伝えようとしているメッセージが薄まってしまう気がしたからです。

「仕事」というと、通常は「お金を稼ぐための生業《なりわい》」を思い浮かべますよね？

「あなたは仕事している？」と聞かれたとき、何らかの職業に就いていたり、アルバイトをしていたりと、お金や報酬に結びつくことをしていれば、「はい、仕事しています」と

４つのＷＯＲＫ

Work for Human Development
これからの時代の「ワーク」とは?

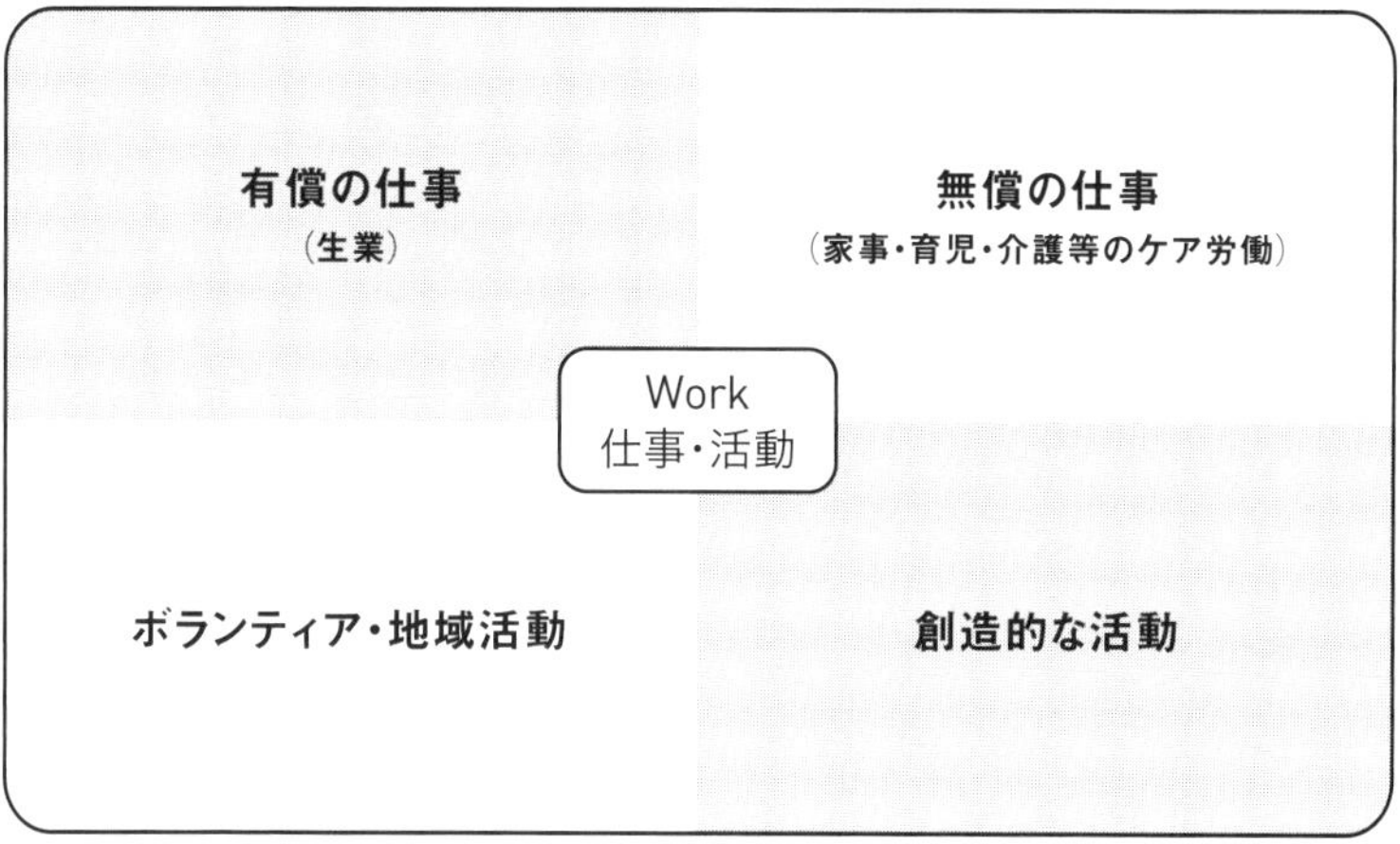

答えると思います。

つまり、**私たちが持っているイメージは、仕事＝報酬のある労働**です。

ところが、この報告書が打ち出しているメイン・メッセージの一つは、そういう「常識」自体を問い直そうということなのです。

ＷＯＲＫを単に「職業」や「収入源」といった「経済活動」として限定的に捉えるのではなく、**「人間が幸せに生きていくために必要な活動」**として、幅広く捉えようというのです。

そして、ＷＯＲＫを上図の４つに分類しています。

①有償労働（Paid Work）：報酬のある仕事・職業
②無償ケア労働（Unpaid Care Work）：主に家庭内で行う、家事、育児、介護、看護などの人の「お世話＝ケア」に関する労働
③ボランティア活動（Volunteer Work）：ＰＴＡや町内会などの地域活動や社会奉仕・社会貢献活動など、報酬のない労働
④創造的な活動（Creative Work）：音楽やアートなど、自分の創造力を使って、何かを生み出したり、表現したりする活動

この報告書が提唱しているのは、「一人ひとりが生きやすく、暮らしやすい社会を創り、持続させるには、この４つのタイプのＷＯＲＫが必要だ」ということです。

国が経済的に安定し、人々が「食べていく」ためには、①「**有償労働**」が必要不可欠です。

でも、社会が持続的にまわっていくためにはそれだけでは不十分です。

毎日、出勤して働けるのは、ちゃんと家で食事をして、お風呂に浸かり、布団にくるまってゆっくりと身体を休め、洗濯された衣服を身につけられるからです。

つまり、料理や掃除や洗濯といった、家事労働があってのことです。

それに、子どもの世話も、単に自分の子どもを育てるという意味合いだけではなく、次世代の働き手や納税者を産み、育てている、つまり、国の人的資本の育成という経済的な意味もあるのです。こうした、家庭内で行われている②**「無償ケア労働」**も立派なWORKです。

そして、③**「ボランティア活動」**です。日本各地に「子ども食堂」という取り組みが広がっていることをご存知ですか？

日本の子どもの6人に1人が相対的貧困状態にあると言われ、社会問題化しています。母子家庭の子どもに限って言えば、2人に1人の割合です。お母さんは子どもたちを食べさせるために、ダブルワーク、トリプルワークで働いていますが、なかなか家で温かい食事を作れない、子どもたちと一緒に食べられないという悩みがあります。

そういった家庭の子どもたちの居場所を作り、温かい食事を提供しようというのが「子ども食堂」の趣旨です。

私も首都圏や関西や東北の子ども食堂の視察に行きましたが、運営の中心となっているのは地域のボランティアの人たちです。

子育てが一段落した主婦、退職したけどまだ元気一杯のアクティブ・シニア、福祉を学んでいる学生たち。こうした人たちが、子どもたちの居場所を作っています。

さらに、最近の病院では、室内楽コンサートや美しい色彩のアート作品の展示が積極的に行われています。音楽やアートに代表される、④**「創造的な活動」**は、患者さんや家族など周囲にいる人たちの心を癒し、生きる希望や力を与えてくれるからです。

こうして考えてみると、確かに、この報告書が言う通り、私たちが「生きていく」ためには①の「仕事」「職業」「収入源」が不可欠ではありますが、実は、②③④の労働や活動が私たちの生活や人生に大きな意味を持ち、日々の生活や社会全体の豊かさを下支えする大切なWORKだということがわかるでしょう。

この報告書はとても分厚くて、専門的な内容が盛りだくさんなのですが、**「4つのWORK」**という考え方は、国の経済・社会政策のあり方や日本の「働き方改革」の議論のみならず、私たち一人ひとりの生き方・働き方にもたくさんの示唆を与えてくれます。

とくに、皆さんのような、これからの時代を生きるミレニアル女子にとっては、とても役に立つ「枠組み」ではないでしょうか？　なぜなら、「4つのWORK」は、私たち一人ひとりの生活や人生の営みそのものだからです。

報酬のある仕事と日々のケア労働は、私たちや家族の生活基盤として不可欠ですが、それプラス、社会の一員として地域に貢献したり、人のために何かをしたりというボランティア活動や、自分で何かを生み出し、表現する創造的な活動は、私たちの日々の生活や人生をより楽しく、充実したものにしてくれることでしょう。

この4つのWORKをその時々のライフ・ステージに合った形でうまくバランスを取っていけば、自分のペースで一生現役、なおかつ豊かな人生を送れるのではないでしょうか。

■4つのWORKで自分のライフ・プランを作る

「4つのWORK」という枠組みで、あなた自身の今のライフスタイルや、これからのライフ・プランを考えてみましょう。

そのための最初のステップとして、おススメしたいのは、次の5つです。

□自分の日々の活動を「4つのWORK」に分けてリストアップする
□「4つのWORK」のそれぞれの意義と価値を認識する
□「4つのWORK」が自分の日常生活や人生の中でどのように補完し合っているかを俯瞰してみる
□現在のライフ・ステージでは、それぞれの「WORK」にどのように時間とエネルギーを配分しているか、そのバランスが妥当かどうかを検証してみる

□これからのライフ・ステージでは、どう変わっていくのかをシミュレーションしてみる

●4つのWORKの意義

「有償労働」と「無償ケア労働」は、私たち現役世代にとっては、**生活基盤を整えるために必要不可欠なWORK**です。

日本では、戦後の経済成長期に「有償労働は夫、無償ケア労働は妻」という性別役割分担が強化されました。

製造業をベースに急速に経済発展を遂げるには、女性が家事・育児・介護・看護・地域のことを担い、男性がいくらでも労働力を提供できるような状態にするのが一番効率的だったからです。

ところが、このような役割分担だと、夫と死別・離別した女性は、一気に経済的に困窮します。

逆に妻と死別・離別した男性は、食事も作れず、自分の常備薬がどこにあるかもわからず、地域に友達もいないので孤立してしまいます。

著者のWORK配分

Work 仕事・活動

有償の仕事（生業）
大学教員
研修・人材育成
調査・案件形成
評価
執筆・講演

無償の仕事（ケア労働）
子育て
家事

ボランティア・地域活動
国の有識者委員
プラン・インターナショナル・ジャパン理事
女性NGO／NPOへの研修やアドバイジング
区立中学PTA会長
地区委員会理事

創造的な活動
俳句
フラワーアレンジメント

これからの時代は、男性も女性も**有償労働**と**無償ケア労働**の両方を担えるようにしておくことが大切だと思います。

ボランティア活動は、自分の時間や能力や労働力を地域や社会のために無償で提供し、より良い社会づくりに主体的に参画することです。

とはいえ、「情けは人のためならず」と言うように、自分に返ってくるメリットもたくさんあります。

自分が住む地域や社会がより居心地のよい環境になっていけば、自分も家族も嬉しいでしょう。同じ地域に住む人たちや、同じ志、問題意識を持つ人たちと繋がる機会にもなりますから、気の合う仲間や生涯の友と出会えるかもしれません。

私が理事を務めているプラン・インターナショナル・ジャパンにも、たくさんのボランティアが関わってくださっています。

サポーターとして寄付してくださる日本の方々と、途上国の貧困地域や紛争・災害から復興しようとしている地域の子どもたちの間の手紙を翻訳してくださったり、こうした子どもたちの現状やプランの取り組みを地域で広めてくださったり、忙しい現役世代は毎月寄付をしてくださったりと、様々な形でご協力いただいています。

活動を通じて、世界で起こっていることに目を向け、自分の視野が広がった、世界との繋がりを感じるようになったという方もたくさんいらっしゃいます。

ボランティア活動は、**社会の一員としての責任を果たし、自分と社会の繋がりを創り、保つ活動**だと言えるでしょう。

創造的活動は、自分と向き合い、自分の内面にあるものを様々な形で表現する活動です。何かを創り出し、表現することで深い充足感を得ることができます。

まさに、自分らしさを形で表していく作業であり、私たちが生きた証を積み上げる活動・作業です。

4つのWORKはそれぞれ、私たちの人生を豊かにし、彩ってくれます。

■補い合う4つのWORK

私はかつて、緒方貞子さんに「育児の経験も仕事に役立ちますよ」と言われました。本当にその通りでした。なんといっても、常に「お迎え時間」という時間的な制約がありますから、優先順位をつけて、短い時間で生産性を上げるスキルと時間管理能力が身につきます。

帰宅してからは、子どもを着替えさせながらご飯を炊き、お風呂の準備をし……と常にいくつかの作業を同時進行で行うので「マルチタスク力」がつきます。

さらには、子どもは突然熱を出したり、体調を崩したりするので、そんなときに慌てないようにいつもプランAからプランCを用意しておくという「危機管理能力」も身につきました。

それらはすべて、仕事に活かせます。それだけではなく、私の仕事は「途上国の女性支援」だったので、お母さんたちのために識字教室や職業訓練を行うのはどんな時間帯がよいか、託児はどうするか、といった発想がすぐに頭によぎります。

家事・育児をせずに仕事だけに没頭できる環境にある人（特に男性）は、女の人が1日、どれだけ家事（途上国では水汲みや薪集めも家事の一部です！）に時間と労力を使っているかということに考えが及ばず、せっかく教室を開催しても参加者がいない、ということもあるのです。

また、私は昨年から娘の通う公立中学校でPTA会長を務めています（固辞したのですが、娘に「ママは普段から女性のリーダーシップって言っているんだから、断ったりしたら、言ってることとやってることが矛盾するよ」というキツイ、でも、まったく持って正論の一言を投げかけられ、清水の舞台から飛び降りるつもりで引き受けました……）。

これは、「ボランティア活動」です。でも、この活動を通じて、今の学校教育の現場の様子や学習指導要領の運用の仕方、先生方を取り巻く環境、教育行政の仕組みがよくわかり、それは、私が専門職として関わっているグローバル教育、男女共同参画の推進、女の子のエンパワーメント／リーダーシップに関する仕事にもとても参考になります。

■今のライフ・ステージにおけるＷＯＲＫの配分

さて、あなたは今、どんなライフ・ステージを生きていますか？

私は、２人の子どもたちをひとりで育ててきたアラフィフです。

WORK配分の円グラフ

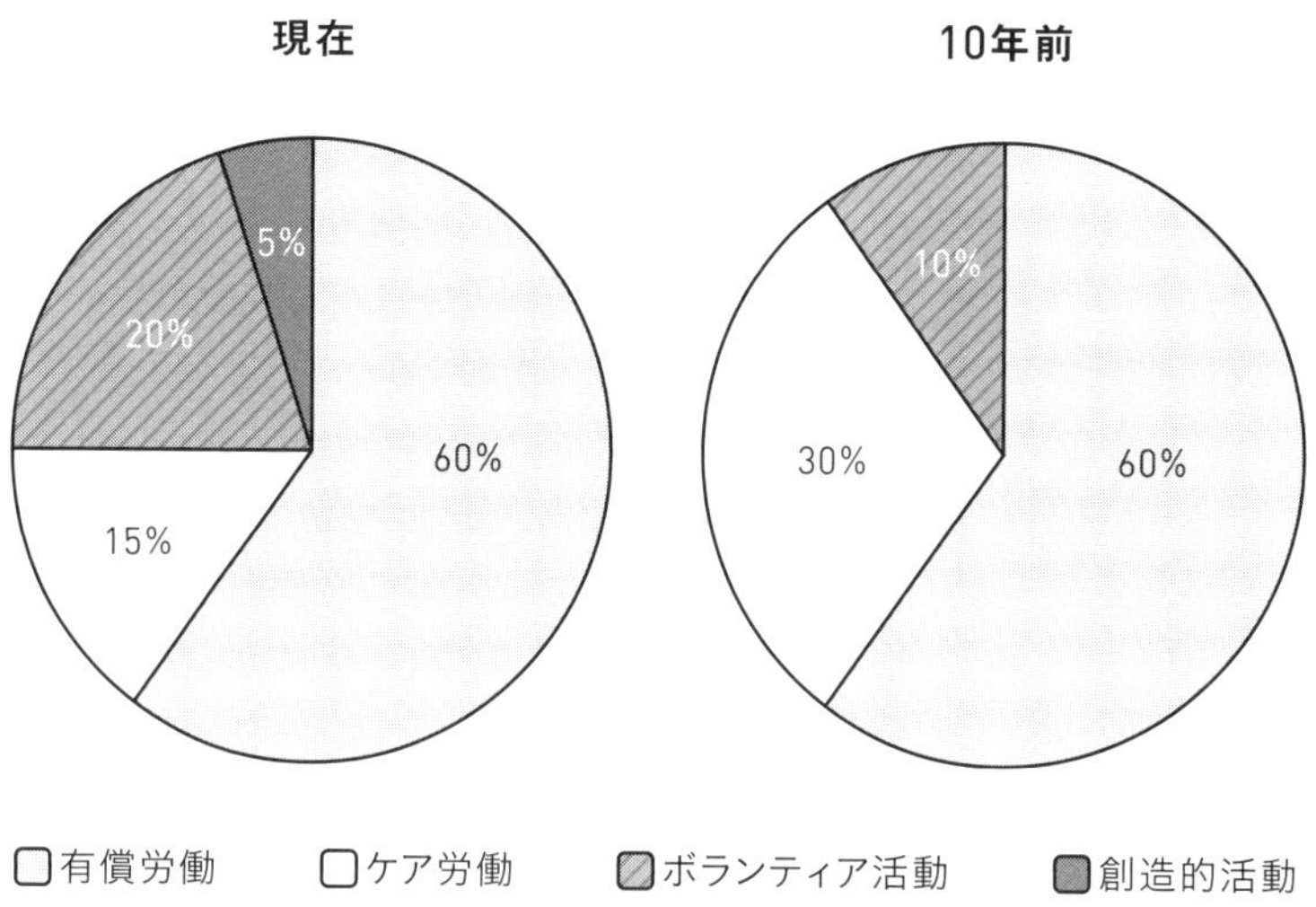

子どもたちを養い、教育を受けさせることが、一番大きなミッションでしたが、長男はこの9月に大学を卒業し、社会人になったので、半分、終了しました。あとは中学3年生の長女のサポートです。

公立の中学校に通っていますが、やはり、塾や習い事にはお金がかかるものです。

受験生なので、特別講習やら模擬試験やらもあります。移動のための交通費も結構かかります。本や映画や芸術鑑賞にはお金を出してあげるよ、と言ってあるので、それもなかなかの出費です。

今の私の一番のミッションは、心と身体の健康を保ち、働き、お金を稼ぐことです。

例えば、

▢今現在、時間とエネルギーの60％を「有償労働」に、
▢15％を「ケア労働」に、
▢20％をPTAやNGOの理事などの「ボランティア活動」に、
▢残る5％を趣味の俳句やフラワーアレンジメント等の「創造的活動」に費やしている、
という感覚です。

このパーセンテージは、10年前とは全然違います。10年前は子どもたちがまだ小さくて、送り迎えやら弁当づくりやら、寝かしつけやらで、ケア労働が今の倍の30％くらい。ボランティアは、NGOや子どもの学校の役員などで10％。創造的活動はゼロでした。

私たちは、生涯を通じて、「WORK」し続けるといってもよいでしょう。

でも、配分は、そのときの自分の状況、家族の状況で変わります。自分のためのWORKにたくさんの時間を費やせる時期もあれば、たくさんの時間を家族のためのWORKに費やさなければならない時期もあります。

今、自分がライフ・ステージのどのあたりにいて、どんな役割を担っているのかを客観視することで、今の時間の使い方に自信を持つことができるかもしれないし、人によっては、優先順位を考え直してみようという気づきを得られるかもしれません。

●自分の未来をシミュレーション

子どもたちがまだ小さくて、手がかかっていたころは、とにかく、朝から晩まで忙しくて、「自分の時間」など皆無でした。一日一日をこなすだけで精一杯。先の見えないトンネルの中にいるような感覚でした。

ワーキングマザーのインタビューに登場するのは、子育て真っ最中の時期にある人たちですから、彼女たちが語る仕事と子育ての両立は、どうしても「苦行」のイメージ。

でも、あるとき、急に手がかからなくなります。小学校高学年あたりから、お母さんよりも友だちとのつき合いが大事になるし、送り迎えも必要なくなるし、自分のことは自分でするようになるし、学校行事の回数も減るしで、「あれ、最近、なんか暇……⁉」というときが突然訪れるのです。私のタイムスケジュールも、この15年で大きく変わりました。

つまり、子育ては期間限定のプロジェクトなのです。

5年後は、娘も20歳。もっともっと自分の時間が増えるでしょう。

ボランティア活動では、PTAは娘の中学卒業と共に終わるので、違う形で地域の子どもたちのサポートや教育に携わったり、NGO活動を通じて、女性に対する暴力や貧困の問題に取り組む若い世代の人材育成にもっともっと時間を費やしたいなぁと思います。

著者のタイムスケジュール

	国連本部 息子8歳・娘1歳	国連の東京事務所 息子12歳・娘5歳	フリーランス 息子22歳・娘15歳
6:00	起床・シャワー お弁当・朝食作り	起床・シャワー お弁当・朝食作り	起床・ラジオ体操 メールチェック
7:00	子どもたちの食事・支度	息子起床・朝食、学校へ 洗濯	朝食作り 娘起床＆朝食
8:00	出発(バス) 娘を保育園へ 息子を小学校へ	身支度 娘起床・朝食・支度 娘を幼稚園へ(自転車)	フリータイム コーヒー 新聞・テレビ
9:00	コーヒーゲット 出勤	コーヒーゲット 出勤	洗濯・掃除・事務作業
	仕事	仕事	仕事
18:00	息子のお迎え・娘のお迎え 息子をサッカー場へ、買物	買物、帰宅、娘の送り迎え、 夕飯作り	買物 夕食作り
19:00	洗濯・夕食作り・娘の夕食	夕食	夕食
20:00	息子のサッカーお迎え(タクシー)、息子と自分の夕食、 娘のお風呂	夕飯片付け・洗濯 そうじ 娘のお風呂	フリータイム
21:00	娘の寝かしつけ 夕飯片付け 息子の宿題・寝かしつけ	娘の寝かしつけ テレビ・読書・インターネット	
22:00	メールチェック・仕事	メールチェック・仕事	メールチェック・仕事
23:00	翌日の準備(子どもの持ち物、お弁当、朝食…)、 ネットで買い物	翌日の準備(娘の持ち物、お弁当、朝食…)	フリータイム
00:00	就寝	就寝	就寝

創造的活動でも、俳句とフラワーアレンジメントに加えて、水彩画や手芸の教室に通いたいな、などと夢は膨らむばかりです。

私の年代の女性で、ケア労働中心の生活を送ってきたお母さんの中には、子どもが独立するときに、「空の巣症候群」にかかってしまい、寂しさと生きがいを失ってしまった虚脱感に襲われてしまう人もいます。私のママ友の中にもいます。

一つの「WORK」だけに意義や自分の存在価値を見出すのではなく、「4つのWORK」それぞれに価値があるのだと認識すること、そして実際に今の自分の暮らしを振り返り、どんな「WORK」に携わっているのかを書き出し、客観視してみること。それによって、自分の今の生活が見えてきます。

さらに、今後、5年間でこの配分がどう変わるかな？　とシミュレーションしたり、これからチャレンジしてみたい「WORK」は何かを考えたりすれば、結婚や子育てや子どもの巣立ちなど、ライフ・ステージの変化に対する心の準備にもなるし、励みにもなるのではないでしょうか。

今年9月にベトナムで開催されたAPEC女性と経済フォーラムでも、「ミレニアル世代は、ワークとライフを分けて考えていない。〝One Life〟として捉えている」という報告がありました。

新たな価値観やライフスタイル、そして、それらを可能にするインターネットやスマホなどのテクノロジーがものすごい速さで広がり始めています。

さあ、あなたは、どんなワーク、どんなライフを思い描きますか？

第2章

クリティカル・シンキング

人生を自分でプロデュースするための基礎力

01

あなたの「選択」が、あなたの「人生」を創る

納得できる「選択」をする

人生は一度だけ。その人生をどう生きるかは、自分次第です。

21世紀の日本に生きる私たちには、自分で選択しながら生きる自由があります。日々の選択の積み重ねが人生そのものといってもよいでしょう。

プロデューサーという仕事があります。たとえば、映画なら、企画を立案し、脚本家や映画監督やキャストを選び、お金を集め、管理し、作品づくりの過程で問題が出てきたら対処し、最終的に作品を完成させるのがプロデューサーです。

同じ原作でも、プロデューサーが違えば、フォーカスするテーマも、脚本も、キャスティングも、音楽も、それぞれの独自の選択によって、まったく異なる映画作品ができることでしょう。

「人生」というものが、一つひとつの選択の集大成だとしたら、私たち一人ひとりが自分

の人生のプロデューサーだということになります。

ただ、映画と違って人に見せるものではありません。「面白かった」「漫然としていてつまらなかった」「波瀾万丈な展開で飽きなかった」「穏やかで心地よかった」など、最終的な評価を下すのは自分自身です。

第1章で、日本人の幸福感は「属性」と連動する傾向があるという話をしました。属性とは関係なく、「わたし」を基準にして、自分だけの「幸せの尺度」を少しずつ作り、充実した人生を送りたいですね。


さて、あなたは、今までの人生の中で、大切なことをどの程度、自分で決めてきましたか？

たとえば、進学先。専攻科目。職業。就職先。つき合う相手。「なぜ、その選択をしたの？」と聞かれて、自信を持ってその理由を話せますか？

『東京タラレバ娘』というドラマがありましたが、「タラレバ」とは、「あのとき、○○していたら」「あのとき、○○していれば」と、違う選択をしておきばよかったと後悔する気持ちを表しています。

「タラレバ娘」でいる限り、「今の自分が一番幸せ！」と思える瞬間は来ないでしょう。

私が尊敬する女性の先輩たちは、「人生でいつが一番幸せでしたか?」と聞くと、皆、判で押したように「今!」と迷いなく答えます。

何の心配事もなかった子どものころがよかったとか、バブル経済のころの青春時代がよかったとか、自分の時間がたっぷりあった独身時代がよかったとか、体力があって、今よりガンガンに仕事に没頭できた20代がよかったとか、そんな答えが返ってきてもよさそうな人たちなのに、「今が幸せ」と自信を持って言えるのは、間違った選択をして失敗したこともたくさんあったけど、「全部、自分で考えて、自分で決めてきたから」「あのときの失敗があったから、今の自分があるから」という感覚があるからだと思います。

自分で納得して決めたことであれば、結果はどうであれ、

「今、あのときに戻っても、きっと同じ選択をしただろうな」

と思えるものです。

そのときの経験がなければ、今の自分はないと思えるからでしょう。

痛い目にあった経験も失敗も、それをちゃんと教訓にすれば、自分の財産に変わり、前に進む原動力になります。物事を判断したり、選択をするときの知恵になります。歳を重ねれば、その知恵が増えていくのです(欧米で年齢を重ねるに連れて幸福度が増すのは、その知恵によって、問題解決能力が高まるからだとされているのは、第一章でもお話ししましたね)。

反対に、まわりに流されたり、そのときどきで適当な決断をしたりしていたら、「ああ、あのとき、ああすればよかった」「ああ、あのとき、こうしていたら」と、まさに「タラレバ娘」になってしまいます。

経験を積み重ねることなく、歳をとってしまいます。

自分で決める力をつける

「自分でよく考えて、決断するなんて、言うは易しだけど……」という声が聞こえてくるような気がします。

そうですよね。その感覚はごもっともです。

なぜなら、「自分で決める力」は、一つの「スキル（技術）」であり、大人になるにつれて自然に身につくとは限らないからです。

あなたはどうですか？

家庭や学校で、「自分で考え、自分で決めること」を奨励されてきましたか？

「自分の考えを論理的に言葉で表現する機会」はたくさんありましたか？

もしそうでなければ、自分で意識して、そのスキルを身につけていくしかありません。

日本に生まれ育ち、日本の学校教育を受けた女性は、集団の中で「空気を読む」術を知らず知らずのうちに身につけています。

波風を立てたくない、生意気と思われたくない、という気持ちから、「何でもいいよ」「みんなと一緒でいいよ」とつい言ってしまいがちではないですか？

そして、そういう姿勢が学校や職場で評価されたりするのも事実です。

もちろん、そのように振る舞ったほうがよい場合もありますが、自分の生活や人生にとって重要な選択は、ちゃんと自分の頭で考え、自分で決めたいものです。そうなると、日頃から、意識的に自分で考え、自分で決める習慣をつけていかなければなりません。

私が高校、大学、大学院時代に留学したアメリカはもとより、国連や国際NGOの仕事を通じて知り合った、アジアやアフリカや中東の若い女性たちが、自分の意見を言語化して、自信を持って堂々と発言する様子をたくさん見てきました。

その中には、数々の「呪い」、それこそ「生理中の女性は汚れた存在だから、集落から離れた小屋に籠っていなければならない」というようなレベルの「呪い」が残っている地域に生まれ育った女性たちもいます。

人生のどこかの時点で、「自分で考え、自分で決める」というスキルと様々な知識を身につけたことで、自己肯定感を育み、自信を持って生きるようになったのです。

この章では、自分で考え、自分で決めるために必要な、「クリティカル・シンキング」のベーシック・スキルを紹介します。

クリティカル・シンキングは、よく「健全な批判精神に基づいた、客観的な思考」と定義づけられています。平たく言えば、「物事を多角的に、客観的に、論理的に捉え、考える力」です。

「ホントにそうなのかな？　他の見方はないのかな？」という健全的な批判精神を持つことが、ファースト・ステップです。

まずは、

①「事実」と「意見」を区別する力

②「根拠」を言葉にする力

というクリティカル・シンキングの基本的な力を身につけましょう。

それに加えて、

③「聞き流す力」

を身につけておけば、自分で納得できる選択ができるようになります。

02

「事実」と「意見」を区別する力

■ 自分の頭で考えること

「自分で決める」のファースト・ステップは、「自分の頭で考えること」です。

まわりの人や世間一般がどう思うか、どうしているかではなく、自分の「物差し」で物事を捉え、考え、決めることです。

その「物差し」の基礎となるのが『事実』と『意見』を区別する力」です。

日本の学校では、「知識を先生から教わる」というスタイル。

テストも、教わった知識をどれだけ習得しているかを測るものです。

小さいころからそのような教育を受けていれば、知らず知らずのうちに、外から入ってくる情報や周囲の声を取捨選択せずに鵜呑みにしてしまう、という思考回路や行動様式を身につけてしまってもおかしくありません。

ニューヨークで育った息子は、小さいときから保育園や学校で、「事実」か、それとも誰かの「意見」や「解釈」なのかを区別する訓練を受けていました。

常に、「それは事実？　それとも意見？」と問いかけられるのです。

たとえば、「地球は丸い」。

これは「事実」でしょうか？　「意見」でしょうか？

あなたはどう思いますか？

はい、「事実」ですよね。約500年前、マゼランの艦隊が西へ西へと航海を続けると、出発点に辿り着き、それによって実証されました。21世紀の今では、宇宙から見た地球の写真もたくさんあります。


では、「地球は美しい」。

これは「事実」でしょうか？　それとも「意見」でしょうか？


私は「地球は美しい」と思います。

「地球」と聞いて頭に浮かぶのは、暗い宇宙に浮かぶ青みがかかった地球の写真や、これまでに旅したアメリカのグランドキャニオンやグアテマラのアティトラン湖のような大自然だからです。

でも、人によっては、環境汚染が進んだ光景を思い浮かべる人もいるでしょう。そういう人は、「地球は美しい」とは思わないかもしれません。私は美しいと思うけど、そう思わない人もいるわけです。つまり、「地球は美しい」というステートメントは、「その人の経験や視点に基づいた意見・解釈」だということです。

整理してみましょう。

「事実」は、視覚・聴覚・客観的なデータなどで根拠を示せること
「意見」は、その人の経験や視点に基づいた解釈

自分の頭で考え、判断するには、まずは、「事実」と「意見」を区別する力をつけなければなりません。

まずは、日常生活の中で周囲の人やメディアやインターネットから入ってくる情報に対して、「それって、事実？ それとも、意見？」と考える習慣をつけましょう。

そして、それを自分の選択に活かしていきましょう。

■あなたの言説は、客観的な根拠のない「意見」

子どもを出産したあと、仕事に復帰するか、しないか。いつ、復帰するか。

多くのワーキング・マザーが頭を悩ます問題です。

あなたなら、どうしますか？

そんなときに、こんな声も聞こえてきます。

「子どもは3歳まで母親がつきっきりで育てないと良い子に育たない」

ママ友から言われるかもしれないし、実の親、義理の親から言われるかもしれません。

インターネットでそんな情報に接するかもしれません。

それは「事実」でしょうか？　「意見」でしょうか？

これが「事実」だとすると、子どもを預けて働きに出ることを躊躇しますよね。

ところが、世界を見回しても、「母親が子育てに専念しないと子どもの成長に悪影響が出る」ことを裏づける学術的研究は見当たりません。

むしろ、国内外で行なわれてきた、子どもたちの長期間にわたる追跡調査をベースとした学術研究では、母親の早期の就労復帰自体は子どもの発達に悪影響を及ぼすものではないと結論づけられています。

「最初の3年間は、母親がつきっきりでケアしないと良い子に育たない」というのは、客観的な裏づけのある「事実」ではなく、個人的な経験や限定的な例に依拠した「意見」だといってよいでしょう。ところが、この言説は、「三歳児神話」と言われているように、広く社会に浸透しています。

23年前、私が大学院に進学するのをあきらめようと思ったのも、「三歳児神話」や「母親になったら、時間とエネルギーのすべてを子どもに注ぐべき」という、根拠のない「意見」や「あるべき論」が私の中に刷り込みとしてあったからだと思います。

「どうしてあなたには学業と子育ての両立は不可能なのか、合理的に説明してみて」と言われて、はじめてハッとしたのです。

合理的に説明せよとは、「根拠を示せ」ということ。そのとき、公共政策を専門とする大学院の職員を納得させる根拠など一つもないことに気づいたのです。

子どもの健やかな成長に必要なのは、「安心できる環境」であり、その中には母親や父親をはじめ、大人との信頼関係が含まれる、ということは実証されています。一義的には保護者がそのような環境を整える責任があると思いますが、「子どもの健全な発達の責任者は母親である」「3年間は育児に専念すべき」という言説は、客観的な根拠のない「意見」であり、「神話」です。さらに言うならば、これが世の女性たちや新米マザーたちを苦しめる「呪い」ではないかと思います。

ちなみに、最近では、ハーバード・ビジネス・スクールが「働く母親に育てられた娘は成功、息子は共感できる人になる可能性が高い」という調査報告書を出しています。

これは、日本を含む先進国を中心とした24カ国の女性と男性3万人以上を対象とした調査です。

ワーキング・マザーに育てられた娘は、職場で管理職になるケースが多く、息子は家庭で家事や育児などのケア労働を積極的に担う傾向が強いと報告しています。

また、OECDの調査でも、質の高い保育環境で育った子どもは優れた思考力や問題解決能力を発達させる」と報告されています。

保育園は単に子どもを預け、世話をしてもらう場ではなく、生涯にわたる学びへの姿勢や社会の中で生きていく力を育む教育の場である、というのが今のグローバル・スタンダードです（だからこそ、保育士の待遇改善を含め、「質」を高めるための投資が必要です）。

このように、今は、インターネットで検索すれば、様々な学術研究や調査研究にアクセスすることができます。「事実」か「意見」か迷ったら、自分で調べてみましょう。

もし、「子どもは3歳までは手元で育てるべきよ、私もそうしたわ」と言われたとしたら、今の私なら心の中で「あら、それはあなたの個人的な経験に基づく『意見』ですね」

と心の中で呟くでしょう。

なぜなら、彼女の言っていることは、彼女や彼女のまわりの極めて限定的な例に基づいた経験談であり、「客観的な根拠はない」ということがわかっているからです。

もちろん、私自身が22年間、ニューヨークと東京で働きながら子どもを育ててきた中で、子どもが3歳になる前に職場に復帰したとしても、周囲の力を借りながら、いきいきと働き、社会との繋がりを持ち、前向きに生きているお母さんたちに育てられた子どもたちはとても優しく、頼もしく、やはり前向きに育っているのを目の当たりにしてきた、という経験値もありますが。

もうおわかりだと思いますが、**私たちのまわりにある「呪い」は、客観的な根拠のない「意見」**に過ぎません。

でも、「呪い」だけあって、それはそれは根強く私たちの心の中や社会に浸透しています。**「呪い」から解放され、自分らしく、幸せに生きていくためには、まずは、「それって、事実？　それとも意見？」と自分に問いかける習慣をつけることです。**

その物差しをちゃんと持っていれば、段々、「呪い」を見抜けるようになります。

それが、健全な批判精神に基づいた思考、つまり、クリティカル・シンキングの土台です。

03 「根拠」を言葉にする力

■自分の選択や判断の「根拠」を言葉にする力

次のステップは、自分の選択や判断の「根拠」を言葉にして表現する力を身につけることです。

なぜ、自分はその選択をするのか？

なぜ、自分はそのように判断するのか？

うやむやにするのではなく、一つひとつ「なぜ？」「なぜ？」と突き詰めていくことで、自分が本当に望むことが見えてきて、自分の選択に自分自身が納得できるようになります。

また、まわりの人たちにも自分の選択を自信を持って説明できるようになります。

3歳くらいの子どもは、親が言うことに「なんで？　なんで？」と延々と聞いてきます。

「さあ、ご飯を全部食べよう」

「なんで、ご飯を食べないといけないの？」

「ご飯を食べないと、元気が出ないからよ」

「なんで、ご飯を食べると元気になるの？」

「ご飯の中に、エネルギーが湧いてくる栄養が入ってるからだよ」

「なんで元気にならないといけないの？」

「元気でないと、外で遊べなくなってしまうからだよ」

「なんで、元気でないと外で遊べないの？」

「……」


子どもたちが小さいころは、毎日こんな会話の連続でした。辟易としたものですが、それでも「確かに。何でだろう？」と、はたと考え込むこともありました。

「なんで勉強しないといけないの？」「なんで、大人になったときに困るの？」「なんで、アメリカにいるのに、日本語を覚えないといけないの？」その一つひとつに適当に答えるのではなく、真摯に向き合ってみると、最終的には私自身が、人生において何を大切だと思っているか、どんな価値観を持っているのかが見えてくることがありました。

私の生活も、日々、選択の連続です。

自分自身の仕事や生活上の選択もあれば、子どもたちの教育に関する選択もあります。選択肢が一つしかないとか、何がベストなのかが明らかなときはよいのですが、そういうときばかりではありません。

そんなときは、自分の中の「もう一人の自分」と、この「なぜ」問答を繰り返します。

そして、**それぞれの選択肢がもたらしうる「メリット」と「デメリット」を最低3つずつ、紙に書き出します。**

短期的なメリットとデメリット、長期的なメリットとデメリットに分けて書き出すと、目の前の選択肢をより客観的に見られるようになります。

書き出してすぐに「やっぱりオプションAだよな〜」と納得できるときもあるし、「普通に考えたら、オプションAのほうがメリットは多いのだけど、どうしても腹落ちしないな〜」ということもあります。

そんなときは、その紙をしばらく持ち歩き、取り出しては、メリット&デメリットのリストを眺めたり、つけ足したり、消したりしながら、時間をかけて考えます。

紙に書き出し、メリットとデメリットを見比べ、「なぜ、私はこのオプションに惹かれるの？　なぜこのオプションはイマイチなの？」と「なぜ」問答を繰り返します。

■日頃から「選択のレッスン」をする

国連を退職し、長年住み慣れたニューヨークから帰国したとき、ひとりで子どもたちを育てていくことになりました。

日本で働いた経験はまったくなかったので、いちからのチャレンジでした。

そのときに、「組織」に就職するか、「フリーランス」で仕事をしていくか、相当に悩みました。「組織」に就職するメリットは、安定した収入が見込めること、そして、なによりも社会的な信用を得られることでした。

ひとり親だと子どもが肩身の狭い思いをするのではないか、私が社会的信用のある組織に属することが少しは助けになるのではないか、という切実な思いがありました。

デメリットは、通勤に時間がかかることと、残業があること、平日に時間の融通をつけるのが難しいなど、「時間」の問題でした。

「フリーランス」のメリットは、自分の専門に特化できることと、時間に融通がきくことです。デメリットは、収入が不安定だということと、社会的信用を得にくいこと、そしてなによりも、日本には人脈も経験もないのに、果たして仕事なんてあるのか？　ということです。

理性的に考えると就職するほうがよいのですが、結局、「フリーランス」を選びました。住む場所も、学校も、家庭環境も急に変わってしまった子どもたちをサポートするのが一番大切で、そのためには、できるだけ家にいる時間を増やしたい、学校行事やＰＴＡにも関わりたいと思いました。

そのためには、「時間の融通がきく」というのが自分にとって、一番重要な条件だという結論にたどり着きました。思いきって「フリーランス」の道を選択することができたのは、それまで働き続けてきたことで、「経済的な蓄え」と、「ジェンダー」と「開発」という領域での「専門知識」と「実務経験」があったからです。

「フリーランスで頑張ります！」と宣言し、最初は国連時代にお世話になった方々に研修や事業評価などの仕事を紹介していただき、細々と始めました。

失敗したら次の仕事はないので、毎回、背水の陣です。どの仕事もありがたく思いながら、一つひとつをこなしました。

それから12年。今もなんとかフリーランスで働いています。

仕事の幅も増え、大崎麻子という『個人商店』として仕事ができるようになりました。

同時に、子どもたちの学校行事やＰＴＡにも存分に関わることができました。当時は小学校5年生と幼稚園生だった子どもたちが今は社会人と中学3年生になり、それぞれ自分の世界ができて、「お母さんっ子」ではなくなってしまいました。

それだけに、小さいときにたくさんの時間を過ごすことができてよかったなと思います。


娘が小学校を卒業するころ、「スマホが欲しい」と言いだしました。「なぜ？」と聞くと、「みんな、持ってるから」と王道の答えが返ってきました……。

来た、来た、来た！　ここは一つ「選択のレッスン」です。

娘には、「ママは、まだスマホは早いと思う」と伝えたうえで、それでも欲しいなら、「スマホを持つという選択をした場合」と「スマホを持たないという選択をした場合」のメリットとデメリットをそれぞれ3つずつ書き出すこと、そして、デメリットに対してそれを解消する方法や解決策があるならそれを書き出してもらいました。

そのうえで、どちらを選択したいのか、その理由はなぜかを文章にさせました。

最終的には、スマホを購入することになったのですが、その際には、スマホを持つにあたっての約束事を文章にして、娘もサインし、私もサインしました。

自分の選択に責任を持つ、という意識を育むためです。こうしたレッスンを積み重ねると「自分で決める」スキルが身につきます。

とはいえ、私が子どものときは「みんなが持ってるから」とか「みんなもやってるから」が選択の基準でした。

ところが、高校時代に「自分で決める」スキルを徹底的に叩き込まれたのです。

私は日本生まれの日本育ちですが、高校時代にアメリカのカリフォルニア州に1年間留学しました。英語に慣れるのも大変でしたが、なによりも一番しんどかったのは、「あなたはどうしたいのか？」を四六時中、尋ねられることでした。

ホームステイ先のママからは、「お昼のサンドイッチの具は何がいい？　パンの種類は何がいい？」と聞かれます。

「何でもいいです」という答えは、日本では模範解答ですが、それでは許してくれません。

「あなたが何を食べたいのか、わかっているのはあなただけなのよ。ちゃんと口に出して言ってちょうだい」。

最初のころは、あー、面倒くさい！　とふてくされていました。

学校では、毎学期、カウンセラーと膝を突き合わせて時間割を決めます。

英語、米国史、数学は必修でしたが、それ以外に4つの科目を選ぶのです。

「あなたは将来、どんな仕事をしたいの？　今、どんなことに関心があるの？」と矢継ぎ早に聞かれ、それを踏まえて一つひとつの科目を選んでいきました。

日本の高校では基本的に皆同じ時間割ですから、びっくりしました。

家でも学校でも「あなたはどうしたいのか?」と問われ続け、その一つひとつに対して、自分の希望や考えを言葉で表現しなければならない、そんな日常に慣れるのがなによりも大変でした。

「私は、〇〇したい。なぜなら〇〇だから」

「私は、〇〇することにした。なぜなら〇〇だから」

と自然に口から出るようになったのは、半年くらい経ってからです。

● 客観的かつ多角的に見ること

後に、ニューヨークで2人の子どもを出産し、現地の保育園や学校に通わせました。

やはり、「あなたはどうしたいの? 何が好きなの? それはどうして?」と先生たちに常に問いかけられていました。

5歳くらいになると、「Show and Tell」というアクティビティが始まります。

自分のお気に入りのものを家から持ってきて、それを皆に見せながら、それは何か、なぜ自分はそれが好きなのか、どんなところが好きなのかを話すのです。

「アメリカでは、こんなに小さなときからプレゼンテーションの練習をするのか……」とびっくりしました。

そんな教育を受けてきた息子が大学に進学するときの話。

2つの大学に合格しました。仮に、A大学とB大学としましょう。周囲の人たちは、「当然、A大学だよね」と言いました。「A大学のほうが偏差値が高い」「A大学のほうが就職に有利」というのが理由のようです。

私は、「自分でよく考えて決めたら」とアドバイスしました。

実は、私はB大学を薦めたいと思っていましたが、本人がA大学に進学したいのなら、それでもよいと思っていました。結局、息子はB大学を選びました。

両方の大学に足を運び、知り合いの伝手をたどって教授から話を聞いたり、実際に授業を聴講させてもらったり、キャンパスの空気を感じたりして、「自分は、B大学で勉強したい。なぜなら、先生たちの質が高い。授業のレベルが高い。魅力的な授業が多い。海外からの留学生のレベルが高い。なにより、キャンパスの居心地がよい」というのが理由でした。

私は心の中で、「よしよし！」と叫びました。

B大学のほうが教授陣の質が高く、授業のレベルも高いことは私自身がよく知っていたからです。そもそも、彼にとって、大学進学の目的は「学問をすること」なので、それを軸に比較検討し、自分で考えた末の選択でした。

今年9月に卒業しましたが、希望通りに面白い授業をたくさん取り、交換留学で英国の大学でも勉強し、充実した大学生活を送ることができたようです。

さて、あなたはいかがでしょうか？

日常生活の中での選択、たとえば、今日のランチは誰と、何を食べたいのか、週末に何をしたいのか。

さらに、自分の人生で大切な選択についても、問いかけてみましょう。


私はなぜ、この仕事をしたいの？

私はなぜ、この人とつき合っているの？

私はなぜ、結婚したいの？


理由・根拠を思いつくままに書き出してみましょう。

そのリストに納得ができれば、それで良し。もし迷いがあるのなら、「その選択をした場合としなかった場合」、もしくは、「その選択肢と他の選択肢」について、それぞれのメリットとデメリットを書き出してみましょう。

さらに、短期的にはどうか、長期的にはどうか？

このような視点でさらに細かくリストアップしてもよいでしょう。

最終的にどんな選択をしたか、ということよりも、どうやってその選択に辿り着いたのかというプロセスが大切です。

最終的に辿り着いた選択が正解だったかどうかは、あとあとまでわかりません。

将来、「あの選択は間違いだった……」と思ったとしても、「でも、あのときは、こういう理由で決めたのだから」と割り切ることができます。もし、うやむやに決めたことだったら、「タラレバ」の思いに苛まれるかもしれません。

一つひとつの選択肢を**「客観的かつ多角的に見ること」**、そして、**「自分の選択の根拠を言語化すること」**は、自分で決めるための必須スキルです。

そして、それは仕事でも役立ちます。仕事上の優先順位をつけたり、計画を立てるときにも役立ちますし、説得力のある説明をすることができるようになるからです。

「クリティカル・シンキング」はビジネス・スキルでもあるので、入門書や講座もたくさんあります。

興味がある人は、ぜひ調べてみてください。

04

「聞き流す」力

自分で決める「見極め力」をつける

物事を決めるとき、何かを選択するとき、周囲の声に振り回されてしまうことはありませんか？

家族や友人や同僚・上司など、周囲の人たちからの意見やアドバイス。「こうあるべき」「こういうもの」という世間で常識とされている価値観。こうした周囲からの「声」を鵜呑みにするのではなく、判断材料として適切なのかどうかを「見極める力」と、それが適切ではないと思ったら、思いきって「聞き流す力」が大切です。

「自分のことを思って言ってくれているから」とか「目上の人だから」などと思ってしまいがちですが、その選択の結果を引き受けるのはあなた自身だということを忘れないようにしましょう。

親や友人や同僚の「意見」の「根拠」は何でしょうか？

裏づけのある「事実」でしょうか？

その人の個人的な経験に基づく「解釈」でしょうか？

それともその人が正しいと信じている「価値観」でしょうか？


あなたが納得できる「根拠」があれば、参考にすればよいと思います。

周囲の声を鵜呑みにせずに、「根拠は何だろう？」というワン・ステップを取ることで、自分の思考もさらに深まり、より多角的な視点から物事を判断し、決めることができるようになります。

もし、その「意見」にモヤモヤを感じるのであれば、その「意見」は聞き流せばよいのです。

ただ、これがなかなか難しい。

私自身、周囲の声に惑わされることがよくありました。

「よかれとも思って言ってくれているんだから」とか、「経験者の言うことだから間違いないんだろうな」とか、「言うことを聞かないで、あとからトラブルになったら嫌だな」とか。長年、それは私が日本人だからだと思っていました。

日本では、目上の人の言うことを聞くことや、皆と同じようにすることが奨励されます。だから、「まわりの人の言うことをちゃんと聞かなくちゃ」という強い縛りがあったのかなと思っていました。

ところが、これは**日本特有ではなく、世界中の若い女性が抱える「モヤモヤ感」**だということに気づいたのです。

■根拠のない「呪い」は退治する

2013年にアメリカで公開された、ディズニー映画『アナと雪の女王』のテーマ・ソング『Let It Go』は、まさに、**「周囲の声を聞き流し、こうあるべきという規範を手放すのよ！」**という意味です。

「It」には、2つの意味があると思います。

自分自身の意思の力。そして、「周囲の声・規範」です。

自分自身の意思を表わそう、周囲の声を聞き流して前に進もう、という意味です。

その歌詞に、アメリカだけではなく、世界中の女の子や若い女性たちが共感したので、あれだけの大ヒットソングになったのでしょう。

その様子を見て、「周囲の声に惑わされているのは、日本の女の子だけじゃないんだな」と目から鱗が落ちる思いでした。

『アナと雪の女王』の映画自体が、従来のプリンセス映画とは一線を画すものでした。テーマは、まさに思春期の女の子のエンパワーメントです。

「女の子が大人の女性になる」というストーリーが、これまでのディズニー映画では**「素敵な王子様に発見される」**ことによって完結していましたが、今回はまったく異なる視点で描かれていました。

アナのお姉さんのエルサは、小さいときから「触るものを凍らせる力」を持っています。でも、両親である国王夫妻からはそのような力を持っていることを「人に知られてはいけない」と言われ、身を隠して育ちます。

国王夫妻が不慮の事故で死んでしまい、エルサは若くして王位に就きますが、自分の「パワー」を制御することができず、王国を凍らせてしまい、氷の城に閉じこもってしまいます。妹のアナは、凍った世界をとかすことができるのは「真実の愛」だと知り、奔走する……というストーリーです。

女の子が**「パワーを持つこと」**が否定的に描かれるところから物語は始まります。

パワーとは、**自分の意思、自分で物事を決める力**を表現していると解釈できます。女の子は、パワーを使ってはいけないし、パワーを持っていることを悟られてはいけない。女の子の意思・力＝「呪い」として描かれるのです。

最初はその「呪い」を恐れ、封印し、世界との接触を断ち、孤独に生きていこうとしていたエルサが、自分の持つ力を肯定的に捉え、自分の意思で物事を決めながら生きていくようになるまでのプロセスが描かれています。

王子様に「発見される」のではなくて、自分が自分を「発見する」のです。

この映画の監督は、ディズニーの長編映画の初の女性監督です。

エマ・ワトソン主演の『美女と野獣』は、さらに進化しています。

自分の意志を持ち、自由で、勇気があり、なおかつインテリジェントな女性、という設定です。

エマ・ワトソンは、映画ハリー・ポッターシリーズのハーマイオニー役で有名ですが、アメリカの名門ブラウン大学で英文学を学び、今は、ジェンダー平等と女性のエンパワーメントを担当している国連ウィメン（ＵＮ Ｗｏｍｅｎ）という国連組織の親善大使に就任し、国連でスピーチをしたり、支援現場を視察したり、メディアやＳＮＳで発信をしたりと、とても積極的に活動しています。

■若いころの自分に伝えたいこと

3月8日の国際女性デーにちなんで、You Tubeは2015年に「#DearMe」というキャンペーンをグローバルに展開しました。

世界中の若い女性に向けた応援メッセージを発信するキャンペーンです。各界の女性リーダーたちが、10代のころの自分に向けて、メッセージを送るという設定です。経験と年齢を重ねてきた今だから、昔の自分に伝えたいメッセージ、それはすなわち、今の若い女性たちへのメッセージです。

2016年にアメリカ大使館と共同で日本の10代の女の子のためのワークショップ「#Go!Girls」プログラムを実施したのですが、そのときに、「#DearMe」メッセージを教材に使いました。

私が一番印象に残っているのは、当時アメリカの大統領夫人だった、ミシェル・オバマさんの「#DearMe」メッセージです。

「Dear Michelle……」と始まる約45秒の動画です（#DearMe: First Lady Michelle Obama's Message To Her Younger Self)。

親愛なるミシェル

間違うんじゃないかって心配するのをやめてちょうだい。「成功」って、完璧かどうかとは関係ないのよ。だから、ナーバスにならないで。手を上げて、声を上げて、たくさん間違って。失敗から学びながら、前に進むの。

それから、**他の人がどう思うかなんてことを気にしないでちょうだい。そんなことはどうでもいいの。私は今、50歳になったけど、若いときにまわりの人から言われたネガティブなことは、私の人生に何の影響ももたらさなかったわ。どうでもいいことなのよ。**

だから、勇気を持って。声を上げて。**周囲の疑い深い人たちのことを無視して。**そして、一生懸命がんばるのよ。だって、人生ってハードワークなの。恐れないで。ただ、やってみるのよ。

※翻訳・太字は著者

ミシェルさんは、シカゴの労働者階級の生まれです。

小さいときからとても利発で、成績も常にトップクラスだったそうですが、やはり、10代のころには黒人であること、女子であることで差別も経験したと思います。

だからこそ、メッセージから読み取れるように、「完璧主義」の頑張り屋さんだったのでしょう。それでもネガティブな、それこそ「呪い」のような周囲の言葉に傷ついたり、振りまわされたこともたくさんあったのでしょうね。

でも、今、振り返ってみれば、そういう人たちが投げかけてきた言葉は、自分の人生になんの影響ももたらさなかった……。とても説得力のあるメッセージだと思います。

自分が納得できる意見やアドバイスには耳を傾ければよいし、そうでない「声」や「呪い」は聞き流す。

「Let It Go」の精神で、前に進んでいきましょう。

第3章

レジリエンス

賢く、生きるために「今」やっておきたいこと

01 レジリエンス＝しなやかに生きる力

■困難な状況から回復するチカラ

第2章では、主体的に生きるために必要な「自分で考え、自分で決める力」についてお話しました。

次にお話したいのは、自分の人生を自分で舵取りしながら生きていく力についてです。生きていれば、自分の力ではどうにもならないような困難に直面したり、辛い状況に陥ったりすることがあります。自分に降りかかった問題を一つずつ解決し、辛い気持ちを少しずつ癒しながら、また立ち上がって歩いていけるような「回復力」も、生きていくうえで大切な力です。

今、世界でもその「回復力」（英語では「レジリエンス」と言います）が注目されています。世界中で地震、津波、台風のような大規模災害が増えているので、地域の防災力を高めると同時に、災害に教われても「しなやかに回復できる力」「逆境を乗り越える力」を高めておこうという動きが広まっているからです。

災害はまさに、究極の逆境で、老若男女を問わず、襲いかかります。ところが、同じように被災をした人たちの中には、数年の時を経て、その経験を乗り越え、人生の糧にしていく人と、辛い気持ちを抱えたままさらに困難な状況や孤立した状況に自分を追い込んでしまう人がいます。

前者が「レジリエンス度の高い人」です。


東日本大震災の復興支援に携わっていたとき、南三陸町の商店街で海苔屋さんを営んでいた、Ｃさんという女性に話を聞く機会がありました。

東日本大震災では約14メートルの津波が南三陸町を襲い、多数の犠牲者が出ました。Ｃさんも、自宅、工場、店舗を全て流されてしまいました。しばらくは避難所で生活されていました。

私が訪ねたのは２０１３年。震災から2年後でした。すでに工場を再建し、「さんさん商店街」という仮設商店街に店を構え、営業していました。

家や仕事を流され、生きる意欲を失う人もいれば、Ｃさんのようにもう一度立ち上がり、生活や事業を再建する人もいます。

話を聞いていると、とにかく、事業を再建しようという強い意思を持ち、そのためには何が必要かを考え、あらゆる情報をキャッチし、支援策が出たら、ちゃんと申込む。そういうことをされていました。

そんなCさんが、「若い人には、英語とパソコンをちゃんと習得しなさいと言いたい」と仰っていました。南三陸町に世界各地からたくさんの支援者が来てくれたのだけど、共通語は英語だった。英語さえ話せれば、もっとお礼を言いたかったし、もっと話をしたかった、と言います。

また、パソコンは、事業の再建のための情報収集や、全国の様々な人たちと繋がるツールとしてとても役立ったのだそうです。

同時に、支援制度に申込むには文書を作ったり、エクセルを使いこなさなければなりません。そのためにパソコン・スキルが欠かせないと痛感したそうです。さらに、私が感銘を受けたのは、「優しい人が最後まで、健康でいた」ということです。

避難所では、ありとあらゆる人たちが一緒に生活しなければなりません。中には、大きな声を出して皆を統率しようとする人もいたそうですが、そういう人たちは早々とダウンしてしまったそうです。

最後まで元気だったのは、皆に優しい気持ちで接していた人だと。他の人たちに目を向け、助け合いながら、この局面を乗り越えていこうという人たちです。

東日本大震災の復興には、私も5年以上関わりました。その過程で行なったいくつかの調査・分析から見えてきたのは、まさに、Cさんのように「**自分で決め、行動し、助けを得て、他の人たちとも助け合っていた**」人たちです。災害という自分の力ではどうしようもない大きな障壁を乗り越える、「レジリエンス」度の高い人たちでした。

東日本大震災・被災地の若年女性調査

私が東北の被災地で関わった調査プロジェクトの一つが、東日本大震災から3年経った２０１４年の夏に行われた「東日本大震災・被災地の若年女性調査と提言：Tohoku Girls'Voices～震災から4年『忘れられた世代』若年女性20人の声を聞く」でした。

被災当時10～20代だった女性たちを対象に、被災経験が彼女たちの生活や心身にどんな影響を及ぼしたかを調査しました。20名にインタビューし、一人ひとりのストーリーから、「震災前の状況」「震災時の経験」「震災後3年間の経験」「将来に向けてのビジョン」を整理し、レジリエンスの度合い別に類型化しました。

その結果、レジリエンス度が一番高かったグループ、つまり「自分の人生設計にビジョ

ンがあり、なおかつ社会的な視点を持っている」状態にまで回復した女性たちの特色として、災害が起こった時点で、

▢自尊感情・自己肯定感がある
▢自己決定力と行動力がある
▢生活基盤が安定している
▢信頼できる人間関係があり、新しい人間関係を構築する力がある

という条件を備えていることがわかりました。

このグループの女性たちの被災経験や被害の程度は異なりましたが、震災が起こった直後は自発的な行動や外部からの支援を積極的に受けることで復旧を遂げていました。

また、日本全国から来たボランティアや地域の中で自分と同じような問題意識を持つ人たちと新たな人間関係やネットワークを構築したり、行政の支援を自発的に活用するなどして、着実にライフコースを歩んでいました。

その結果、自分自身の仕事とライフについてもビジョンを持ち、さらには、どのように地域の復興や女性が抱える問題の解決に主体的に取り組んでいきたいという意欲を見せて

いました。

一方、レジリエンス度が最も低かったグループは、被災前から、

□家族の絆という強い規範のもとで育ち、自分ではなく家族の利益・意思を優先させる
□自尊感情はあっても、自己決定という概念はない

という特徴が抽出されました。

震災後も、「自分はどう生きていきたいのか」というイメージに乏しく、家族や恋人など他者の利益や意向を優先させており、その結果、自分の今の状況を「ずるずるとこういう日が続くのではないかと思っている」と表現するなど、自分の生き方やレジリエンスが他者依存だということがわかります。

これまでの日常を一変させるような困難を乗り越える力とは、

「自尊感情」

「自己決定力」

「適切な支援を受ける力」

「信頼できる人たちとの繋がり」

だということが導きだされました。

そして、これは、世界中ですでに行われていた、若年女性を対象とした調査と同じ結果でした。私が娘に身につけてもらいたいと思う力は、まさに「レジリエンス」です。

どんなに立派な教育を受け、尊敬されるような職業に就いていたとしても、人間、生きていれば必ず困難に見舞われます。

そのときに、もう一度立ち上がって、少しずつ歩み始められるような力。

娘だけではなく、すべての女性たちに身につけて欲しい力です。

02 レジリエンスを高めるスキル

お金について考える

朝のワイドショーで「富女子ブーム」が紹介されていました。

貯蓄をして、そのお金を元手に不動産投資をして、家賃収入という不労所得を得ようと頑張っている20代の女性が増えているというのです。

その理由として、会社がいつ倒産するかわからない、解雇されるかもしれない、病気になって働けなくなるかもしれない、年金がもらえるかわからない、将来シングルマザーになった場合に子どもの選択肢を狭めたくない……など、たくさんの不安が挙げられていました。

だから、今、食費や家賃や交際費を削りに削って、一生懸命貯蓄しているそうです。

今の日本では、若い人たちがこんなにたくさんの不安を抱えているのかということと、困ったときに社会や行政に頼るのではなく、「自分で何とかしなければならない」という

「自己責任論」をこんなに植えつけられているのかと思いました。

私は日本国内の女性の貧困の問題やシングルマザーの支援にも関わってきましたが、確かに、いざというときにまとまったお金があることで、選択肢は広がります。とても大きな助けになります。それは私自身も体験済みです。

でも、貯蓄だけでは子どもの選択肢を広げることはできません。

本当に必要なのは、たとえば次のようなものです。

□継続的にお金を稼げる力
□行政の支援（経済的な支援、家事・育児支援、住居支援等）を探し当て、申請する力
□生活や仕事や子育ての面で助けてくれたり、情報をくれたり、励ましてくれたりする人間関係

子どもの育ちに必要なのは、お金はもちろんのこと、様々な生活体験や、家族以外の人たちとのコミュニケーションや、社会への信頼感です。

お母さんが社会との繋がりを持ち、孤立せずに生きていくことが、子どもの育ちにも必要なのです。

それはシングルマザーだけにあてはまるのではなく、どんな人にとっても生きていくうえで大切な財産になります。

20代・30代は、稼ぎ続ける力や、困ったときにどんな社会的資源があるかを調べ、助けを求められるような力や、仕事やプライベートで信頼でき、いざというときは助け合える人間関係を構築する時期です。

そういうことに時間とエネルギーを投資しておけば、それが後で必ず助けになります。

ワイドショーの取材は一面的なものだとは思いますが、富女子を目指す20代の女性たちが、生活費や人間関係を切り詰められるだけ切り詰めて生活し、1000万円の貯蓄を目指している様子を見て、

「これで不動産投資が失敗したら、この女性たちには何が残るのだろうか？」

と心配になりました。

本来だったら、生きていくための総合力を身につけること（＝エンパワーメント）が必要なのに、「貯蓄」だけに注力しているところ、そして「何かあったときに、社会を頼れる」という信頼感を持てないというところに、日本人の幸福度が低い理由の一端を見たような気がしました。

誰にとっても、人生は山あり谷ありです。残念ながら、順風満帆な人生はありません。自分の人生を自分で舵取りしながら生きていくための具体的なスキルを身につけてください。

私自身がこれまで関わってきた支援や調査を踏まえると、働くミレニアル女子が身につけておくべき力は、

①働き続ける力
②学び続ける力
③助けを求める力
④繋がる力

の4つだと思います。

もちろん、40代以上の方でも遅くはありません。

「Never late than never.」

決してしないより、遅くてもするほうがよいのです！

働き続ける力

私がミレニアル女子に一番伝えたいのは、「働き続ける力」をつけることの大切さです。

第1章で、「WORK（働く・活動する）＝賃金報酬を伴う仕事だけではない」と申し上げましたが、まずは稼ぎ続ける力を養っておくことが重要です。

無報酬の家事や育児やボランティア活動の経験も、「このスキルを磨いて、いつか、これで稼げるようにしよう」という意識を持ちながら続ければ、将来、「稼ぐ力」に変えていくことも可能です。

私もそうでしたが、母親や父親から、「女でも手に職をつけるなり、とにかく経済力をつけておきなさい」と言われて育った人は多いと思います。

写真家の蜷川実花さんは、舞台演出家であるお父さんの蜷川幸男さんに「いつでもどこでも男を捨てられる女になれ」「経済的にも精神的にも自立せよ」と言われながら育ったそうです。

私も小さいころから、テレビドラマに出てくるキャリアウーマンや、銀行の窓口のお姉さんたちがテキパキと仕事をしている様子を見て、「大きくなったらお仕事したい！」と憧れていました。大きくなったら、自分も働くぞ！　と当然のように思っていました。

その後、ニューヨークで働き、途上国や紛争終結直後の村や都市部、東日本大震災の被災地などで多くの女性たちと接し、国内外のジェンダーや女性の問題に携わる中で、また私自身も子どもをひとりで育てる境遇になったことで、自分の人生と日常生活の選択肢を広げ、いざというときにも大きな助けになるのは「お金」であり、それを「継続的に生み出す力」であることを心の底から実感しています。

私が心から尊敬している、日本の家族社会学の第一人者の目黒依子上智大学名誉教授が、**「経済力を持たないことは、自分の生命を他者に預けることだ」**と仰っていました。

本当にその通りだと思います。経済力がないがゆえに、パートナーからの暴力（身体的・精神的・性的・経済的なすべての暴力）に耐え続け、自尊心を失い、場合によっては命を落とす女性も世界中にはたくさんいます。

国連の調査によると、女性の3人に1人が生涯のうちにパートナーから暴力を受けた経験があると答えています。親から親への暴力を目撃することは、「面前ＤＶ」といって、子どもの成長にも悪影響を与えることがわかっています。

あなたのまわりにも、「お父さんと離婚したいけど、あなたのために我慢している」と聞かされて育った人たちがいるかもしれません。そのように言われ続けるのは、子どもとしてもとても傷つくことです。いざというときに、自分の身体や心の尊厳を守れるような選択肢を持つには、やはり、経済力が必要です。

私は娘には、いざというときのためにある程度の蓄えを持っておくことと、そのあとも稼ぎ続けられるような力を身につけておいてもらいたいと思っています。

経済力は、自分の選択肢だけではなくて、家族の選択肢も広げます。

ネパールなどの貧困国の農村地帯では、男性が都会に出稼ぎに行きますが、それは一家を食べさせるためです。医療保険や保障も整っていませんから、事故に遭えば、そこで収入は断たれ、困窮します。妻が稼ぐ力がないと、子どもたちが学校をやめてゴミ拾いや果物売りや家事労働などの低賃金の仕事に就き、貧困は連鎖してきます。

ところが、プラン・インターナショナル・ジャパンで行っている女性のエンパワーメントプロジェクトを通じて起業スキルを身につけ、マイクロファイナンス（超小口融資）で資金を借り、家内工業を起こした女性たちの夫たちは、「出稼ぎに行かず、一緒に家内工業に従事する」という選択肢が増えます。子どもたちの「学校に通い続け、教育を受ける」という選択肢も保障されます。

これは、日本でも同じことです。終身雇用制度は過去の遺産です。大企業とて同じことです。

ドラマ『逃げ恥』は、ストーリーも面白かったのですが、みくりの家事労働の対価（月額19・4万円）や、生活費の分担額は、政府報告書のデータなどを用いて算出されているそうで、リアリティが感じられました。途中、京大卒のエンジニアの平匠の給料が下がり始めます。年功序列の給与体系だと、年齢を重ねるだけで自動的に給料が増え、子どもたちにお金がかかる時期やローンを乗りきることができましたが、今は違うということを描いています。成果やスキルがなければ、ある時点から給料は増えなくなります。また、働き方改革が進めば、残業代をアテにしていた家計は苦しくなるでしょう。

一人の稼ぎに家族全員が頼るのは、そもそもリスクが高い。これからはもっと高くなるでしょう。夫が病気になったり、ケガをして働けなくなることもあります。職場のストレスでメンタルのバランスを崩したときに、夫が「会社を辞める」「療養する」という選択肢を持てるか持てないかは、妻の経済力しだいです。

また、何らかの理由で夫の収入が減少したり、断たれたりした場合、子どもたちの教育上の選択肢にも大きな影響が出てきます。子どもが大病を患ったときに、最善の医療を受けさせられるかどうかも。最先端の技術と経験を持つ医療チームが家から遠く離れた所にある場合、家族でサポートするには大変なお金がかかります。

働き続ける力のメリットは、単に「経済的メリット」だけではありません。

幼少期の子どもが必要とするのは「ケア」（お世話）ですが、思春期あたりになると、手はかからなくなりつつ、子どもたちは親をひとりの人間として客観的に見るようにいなりますから、親がどう生きているのか、どう社会と関わっているのかが問われてきます。

就職活動の際には、アドバイスを求めてくることもあるかもしれません。そのときに、実際に社会に出て働いている先輩として、今の世の中の動きを踏まえて、地に足のついた助言ができるかどうか。私はそうありたいなと思って、仕事をしています。

仕事を通じて、新しい知識を身につけ、さまざまな経験をし、いろいろな人に会うことで、やはり、人は成長していくものだと思います。人に感謝されて、嬉しいなと思う気持ちは自尊心を高めます。

働き方は、これからもっと多様化していくことでしょう。そのための「働き方改革」です。時間や場所にとらわれずに働けるような環境づくり。テレワークの推進。長時間労働の見直し。それを可能にするＩＴ技術もものすごい速さで開発が進められています。

テレワーク（在宅勤務）の推進は、国の施策にもなっていて、「テレワーク推進企業ネットワーク」が情報交換・情報発信をしています。ウェブサイト（http://teleworkgekkan.org/network/）を見ると、各企業の取り組みの一覧表を見ることができます。フリーランスや起業家が拠点として使えるような、コワーキング・スペースも都市部を中心に広がっています。事務所スペースとしてだけではなく、他のフリーランサーや起業家とのネットワーキングや学びの場としても機能しています。

自分のライフスタイルやライフステージ、また、仕事の内容や住んでいる地域の特性に合わせて、どんな働き方をするかを自分で選ぶ時代になりつつあるのです。

生涯、なにがしかの形で働いていくにはどうすればよいか。今から思い描いておきましょう。現在の「働き方」の選択肢を大まかにリストアップすると、以下のような形態が考えられます。

①企業・行政機関などの組織で働く
②フリーランスとして働く
③起業する

これからの時代、企業も新陳代謝が激しくなると言われています。生涯、同じ組織で働き続け、年齢を重ねれば給料も上がっていくという終身雇用モデルは、少なくとも主流ではなくなります。

また、ライフステージの中で、会社員やフリーランスや事業家のすべてを経験する人も増えることでしょう。どのような働き方を選ぶにしろ、大切なのは、**あなたという個人が、どのようなビジョン、スキル、経験、ネットワーク（人脈）を持っているか、**ということです。まずは、棚卸しをしてみましょう。

①**ビジョン**：あなたはどんな仕事をしたい？　どんな分野で「プロ」になりたい？　どのような形で社会に貢献したい？　それはなぜ？

②**スキル**：あなたのビジョンを現実化するためには、どんなスキルが必要？　あなたがすでに持っているスキルは？　足りないスキルは？　足りないスキルを身につけるためには、どこで、何を学べばよい？

③**経験**：あなたのビジョンに関連した、仕事上もしくはライフにおける経験は？　仕事上の実績事例は？　これから積むべき経験は？

④**ネットワーク（人脈）**：あなたのビジョンやスキルや経験を知っていて、それを踏まえてアドバイスをしてくれるメンターはいる？　あなたのビジョンやスキルにさらにヒントや機会を与えてくれそうな人たちは？　同じようなビジョンや志を持つ人たちは？　あなたは他の人たちにどんな情報やアドバイスを提供できる？

棚卸しをした後は、

①**自分は何を目指しているのか**

②何が得意なのか
③どのようなスキルや知識を他の人たちに提供できるのか
④その裏づけとして、どんな経験・実績があるのか

この4つのポイントを明確にし、言葉で表せるようにしてみましょう。

就職・転職活動でも、SNSでの発信でも、あらゆる場で自己紹介をするときにも、役に立ちます。自分が関心のあるテーマや磨きたいスキルの勉強会や交流会に行ったときに、この4つのポイントを短く、的確に話すことができれば、他の人の記憶に残り、何かの機会に結びつくかもしれません。

私も日々、講演会や交流会などでたくさんの人たちにお会いしますが、やはり、ご自分のことをロジカルに、ストーリー性を持って語ってくださる方は、短時間の会話であってもとても印象に残ります。「もっとよく話を聞いてみたいな。連絡してみよう」とか、プロジェクト企画を立てているときに「あ、この仕事はあの人にお願いしてみよう」とか、面白い人に会ったときに「あ、この人とあの人が知り合えば、何かイノベーションが生まれそうだから紹介しよう」とか、パッと思い出します。漫然と仕事をするのではなく、常に、自分のビジョン、スキル、経験・実績、ネットワークを意識しながら、ステップアップしてください。それが、生涯を通じて働き続けるための秘訣です。

①組織で働く

私自身は、まず、国際機関という大きな組織に就職しました。

会社もですが、大きな組織の強みは、研修や日々の実地での仕事を通じて、「経験」「知識」「人脈」を構築できることと、「収入」が安定していることです。

一方、「時間」と「場所」の制約はあります。業務時間はもちろん、通勤に時間のかかる場合もあるでしょう。また、必ずしも希望の「職種」（部門）に配属されるわけではありませんし、「上司」「同僚」も選べませんから、「人間関係」で苦労することもあるでしょう。

ただ、体力のあるときに、与えられた仕事をしっかりこなし、社内や社外の「メンタリングプログラム」を活用しながらキャリア形成について先輩にアドバイスをもらったり、自分が関心のある分野についての社内外の「勉強会」「セミナー」などに出て、スキルアップをしたり、体系的な知識や最新情報を得たり、ネットワークを作ったりすることが、社内でキャリアアップしていくにしても、転職するにしても、自分の名前で仕事をしていくにしても、大きなアセット（財産）になることはまちがいありません。

私が国連を退職し、フリーランスとして仕事をしていくための基礎的な資産は、まさに大組織のリソースを使って身につけた、知識・経験・人脈です。

今はインターネットやＳＮＳがあるので、社内外のいろいろなコミュニティやスキルアップのための機会を探すことができます。アンテナを張って、情報をキャッチしてみましょう。

◯女性応援ポータルサイト（内閣府男女共同参画局）
http://www.gender.go.jp/policy/sokushin/ouen/
◯女性のキャリア形成支援サイト（国立女性教育会館）
http://winet.nwec.jp/?page_id=145
◯日経ウーマンオンライン
http://wol.nikkeibp.co.jp
◯女性営業のための応援コミュニティ「営業部女子課」
http://eigyobu-joshika.jp
◯日経ＤＵＡＬ　働くママ&パパに役立つノウハウ情報サイト
http://dual.nikkei.co.jp

日本の企業や行政機関も「働き方改革」に乗り出しています。
社員が心身の健康を保ち、潜在能力を発揮できるようにすることで、「生産性」と「国際競争力」を向上させる。改革に成功した企業が、これからも生き残っていくことでしょう。なぜなら、それが今の世界の潮流であり、日本も遅ればせながら、その波に乗りつつあるからです。

その波に乗れない企業には、世界の投資機関からの投資を呼び込めず、資金調達もやりにくくなることでしょう。

日本のGoogle社は、2016年に国内31社の企業、述べ2000人以上を対象に「未来の働き方」というテーマで実証研究を行ったそうです。

「Work Anywhere（どこでも働ける）」「Work Simply（シンプルな働き方）」「Work Shorter（短時間労働）」という3つの柱をかかげ、テクノロジーを活用して柔軟で効率的な働き方にトライしたところ、社員から管理職まで様々な立場の社員にとって効果的であることがわかったそうです。

その実証研究の結果も踏まえて、「Women Will 働き方改革推進ガイド」と社員向けの「eラーニング・プログラム」が作成されました。

ガイドには、トライアルに参加した企業や行政機関の声も出ています。

eラーニング・プログラムは、「今の、自分の働き方」をチェックするところから始まりますから、ぜひ、試してみてください。

あなたが、あなたの会社の働き方改革の旗振り役になることもできるかもしれません。

▢WomenWill/Japan
https://www.womenwill.com/japan/

▢『御社の働き方改革、ここが間違ってます！』（白河桃子／ＰＨＰ新書）

視野を少し広げてみましょう。今はアジア諸国が元気です。就職先を日本国内に限定する必要もありません。私が若いころは、アジアの中でダントツの経済大国は日本でした。賃金も物価も他のアジア諸国に比べて圧倒的に高かったのです。

でも、今は違います。20代の平均年収は韓国に抜かれ、シンガポールも迫ってきています。部長レベルでは、日本は２０００万円に届きませんが、中国もシンガポールも２３００万円～２５００万円だそうです。これから人口も増え、経済が発展していくであろう国はアジアにはたくさんあります。

濱田真里さんという元気な女性がいます。彼女は、海外で働く女性たちの声を集めたインタビュー・サイト『なでしこＶｏｉｃｅ』と、アジアで働く人や起業家の情報サイト

『アブローダーズ』を主宰しています。

□なでしこＶｏｉｃｅ
(http://www.nadeshiko-voice.com)
□アブローダーズ
(https://www.abroaders.jp

「なでしこＶｏｉｃｅ」をみると、こんなにもたくさんの女性たちがアジアを中心に世界各国で働き、生活しているのか……とびっくりします。

　掲載されているインタビュー記事はすべて、濱田さんが現地まで赴き、取材をして書いているそうです。バックパッカーで世界を旅した大学時代を経て、海外就職に関心を持ったものの、当時は海外就職に関する情報サイトは皆無。「海外で働くという選択をした女性たちは、どんなふうに仕事を見つけ、キャリアを形成しているのだろう？」という、ご自身の「関心」をモチベーションにして、２０１１年にサイトを立ち上げました。

　それ以来、「多種多様な生き方を発信すること」をモットーに、ボランティアで運営していらっしゃいます。濱田さん自身も、タイとマレーシアで働いた経験をお持ちです。

濱田さんのインタビューに登場する女性たちはなぜ、日本を飛び出して、外国の企業で働くことにしたのか。起業することになったのか。どんなメリットを感じているか。実際のところ、どんなデメリットがあるのか。濱田さんが丁寧にすくい取ったリアルな声に触れ、「自分に合っているかも」と思えば、将来的なオプションの一つとして考えてみるとよいのではないでしょうか。

また、アジアでの女性の就労・起業に関しては、政府も注目しています。内閣府は平成28年に「アジア・太平洋輝く女性の交流事業」を開始しました。平成28年秋には、日本でシンポジウムが開催され、アジア・太平洋諸国の現地企業に就職して働いている女性や起業している女性、また、アジア・太平洋諸国から日本に留学したり就職したりしている女性たちが交流し、自分たちの仕事やライフについての経験を共有したそうです。

報告書には、様々な国で、様々な経験をしている女性たちのライフ・ストーリーがたくさん出ています。ぜひ参考にしてみてはどうでしょうか？

▢内閣府男女共同参画局
http://www.gender.go.jp/research/kenkyu/asia_h28_research.html

②フリーランスになる

私自身、２００５年からフリーランスとして働いてきました。私のまわりにも、フリーランスで働いている女性がたくさんいます。コンサルタント、ジャーナリスト／ライター、デザイナー、研修講師、キャスターなどなど、分野も多岐に渡っています。

私もそうですが、活躍している多くのフリーランスの女性たちが、最初は組織で働き、その経験を土台に独立しているケースが多いと思います。

メリットは、何よりも「時間と場所の制約」が少ないことです。Work anywhere, anytime。

私は子育てを最優先にしたかったので、フリーランスという形態を選びました。子どもの学校行事にもＰＴＡ活動にも存分に関わることができますし、休暇のスケジュールも自分で立てやすい。

自宅を拠点にしているので、毎日の通勤からも解放されます。また、クライアントや一緒に働く人はプロジェクトごとに変わりますから、嫌な人に出会うことはあっても、職場で固定化された人間関係に悩まされることは少ないのではないかと思います。

デメリットは、まずは「収入が不安定」だということです。働けば働いた分、報酬を得ることができますが、コンスタントではありません。病気などで仕事に穴をあけてしまった場合は、当然、お金は入ってきません。成果物のできがよかったり、クライアントが満足する仕事ができれば、また声がかかりますが、そうでなければ二度と仕事はきません。そういう意味では、結果がすべて、「徹底した成果主義」です。

組織に所属していれば、誰かが代わりにやってくれる「営業」「確定申告等の事務作業」「出張の手配・精算」「備品調達・管理」なども自分でやらなければなりません。さらには、「国民健康保険」「年金」は全額自分で払いますから、負担感は大きいです。

一つひとつの仕事は、自分の専門知識・スキルを「アウトプット」として形にする作業ですが、その作業をしながら、新しい知識やスキルや人脈を獲得する「インプット」していく心がけも必要です。毎日、新しい知見や技術が生み出される世の中ですから、常に勉強し、情報を集め、色々な人に会うことによって、自分の力をアップグレードしていかなければなりません。

今までやったことないな……と思う仕事にもチャレンジし、結果が出せるように努力する。その積み重ねによって、自分の守備範囲は広がり、将来、さらに多くの仕事を受注できるようになります。

大和総研に是枝俊悟さんという研究員がいらっしゃいます。

これからの日本で税と社会保障の制度がどう変わっていくか、また、制度が変わることによって社会にどんな影響が出るだろうかといったことを分析され、一般向けにも『徹底シミュレーション　あなたの家計はこう変わる』（日本法令）、『大増税時代を生き抜く共働きラクラク家計術』（朝日新聞出版、共著）といった本を出版されています。

私は、２０１３年の春に、ＢＳの番組で是枝さんと共演しました。

テーマは「女性活躍推進」。当時、独身で28歳だった是枝さんは、「将来、結婚して、子どもが生まれたときにも、家事と育児にちゃんと関わりたい。妻の活躍を推進することが女性活躍の推進だと思う」という話をされました。

そして、いざというときは、会社を辞めて、自分の名前で「個人商店」で仕事ができるように、社会保険労務士の資格をもう取得したし、30歳になるまでにはもう数冊、専門分野での本を出版するつもりだとおっしゃったのです。へーーっと感心しました。

その後、是枝さんは学生時代からの恋人と結婚し、お子さんも生まれて、計画通りに育休をとり、今も仕事・家事・育児に邁進し、夫婦それぞれがフェアにキャリア構築をしていけるように助け合って生活しているそうです（リクルートワークス研究所の機関誌「Works」２０１７年８月９日のロングインタビューで語っておられます。http://www.works-i.com/pdf/w_143.pdf）。

是枝さんのように明確な意思と目標と計画性を持ってキャリアを築くことで、ライフステージの変化にも柔軟に対応できる「稼ぐ力」を育むことができるのだなと思いました。ミレニアル世代にとって、終身雇用は過去の制度。最近は、最初からキャリアとライフを主体的に形成していこうという姿勢で働く若い人たちが増えていると聞いています。とても大事だと思います。

ちなみに、是枝さんは最近、『逃げ恥にみる結婚の経済学』（毎日新聞出版）という著書を少子化ジャーナリストの白河桃子さんと一緒に出版されました。

みくりに提示された19.4万円という家事労働の対価は果たして妥当なのか？　家事に加えて「育児」という労働が発生したら？　託児代でお給料が消えてしまうような状態でも、働き続けたほうがよいのか？　といったテーマについて、今の日本の制度と最新のデータを踏まえてエビデンス・ベースの答えを導き出しています。「よし、働き続けよう！」と思わせてくれる一冊です。

フリーランスは、まさに「個人商店」です。誰にでも頼めるような仕事をするのでは、看板は出せません。「○×さんにお願いしたい」と言われるような専門性と実績があって初めて成り立つといってもよいでしょう。

私は、是枝さんのような計画性を持たずに、しかも、日本での就業経験がゼロのままでフリーランスに転換してしまったので、最初は国連時代に一緒に仕事をした人たちとのネットワークが頼りでした。研修や評価などの一つひとつの仕事を地道にこなすことで実績を作り、ネットワークと仕事の幅を少しずつ広げていきました。

今は、開発支援だけではなくて、日本国内のジェンダー問題や女性・ガールズのエンパワーメントプロジェクトにも携わるようになりました。一つひとつの仕事を通じて学んだこと、アップデートした情報を自分の中に蓄積し、次の仕事にも活かしていけるように日々心がけています。

また、フリーランスにとっては、身体も大切な資本なので、自治体の健診は欠かさず、食事に気をつけ、少し（ほんの少し）運動もしています。

③「起業×技術革新」

大企業や中小企業がたくさんある日本では、「働く＝雇用される」というのが一般的です。私がこれまでに仕事をしてきた開発途上国や紛争直後の国では、日本ほど産業が発展していないので、「民間企業＝雇用の受け皿」では必ずしもありません。

そこで、そういった国々、とくに、企業の少ない農村地帯では、「女性が経済力をつけるための支援」といえば、「起業支援」が主流でした。

たとえば、私が90年代後半に関わっていたカンボジアのプロジェクトでは、内戦で多くの男性が命を落としたり、怪我をしたりで、一家の主な稼ぎ手が女性という地域で、女性たちが自分の得意なことを活かして起業できる仕組みを作りました。

まずは、事業計画を立てたり、基礎的な経理の知識を身につけたりという起業スキルを学び、そのあと、マイクロファイナンスという仕組みを導入して、土地や建物など担保となる資産を持たない女性たちが連帯保証をし合うことでそれぞれが小口の融資を受け、その資金を元手にビジネスを始めます。

全員がお金を返済したら、さらに上乗せした金額を借りることができ、設備投資などを行いながら、事業を大きくしていくというプロジェクトです。

事業といっても、「縫製が得意だから、ミシンを購入して、自宅で縫製業を営む」とか、「料理が得意だから、ガスコンロや鍋を購入して、ケータリングサービスを始める」とか、「家の近くに幹線道路が通っているから、屋台のようなものを購入して、道路の脇で飲み物や簡単な食べ物を売る」といったような感じです。

最初は、生活費と子どもの医療費・教育費を稼ぐ「生計手段」の獲得が大きな目的ですが、数年経つと、様々なアイデアを導入し、設備投資をして、ビジネスを大きくすることが「生きがい」になっていく女性たちもたくさんいました。

ケータリングから始まったのが、海辺のカフェになっていたり、幹線道路脇の屋台がちゃんと店舗になっていたり。さらには女性たちの表情が自信に満ちていて、お化粧したりパーマをあてたりと、どんどん明るくなっていくのも印象的で、そんな変化を見に行くのが私の大きな楽しみでした。

日本では、地方に行くと「雇用がない」という嘆きの声をよく聞きます。これは日本だけの現象ではありません。企業は都市部に集中しているので、どこの国でも地方での雇用創出は大きなチャレンジです。

そんな中、技術革新の波とも連動して、改めて、女性が経済力を獲得する手段としての「起業」が注目されています。

この2年間で私が出席したG20、APEC（アジア太平洋経済協力）、ASEM（アジア欧州会合）、国際女性会議WAW！などの国際会合では、「起業×技術革新」が大きく取りあげられていました。

インターネット、モバイル、SNS、クラウド、IoT、AI（人工知能）、ビッグデータなどをフル活用し、自分の住む地域や国を越えて、グローバルな市場から資金を調達したり、グローバルな市場に自分の商品やサービスをPRしたり、提供したりといったEコマース（電子商取引）を自分の家にいながらにしてできるのです。とくに、従来、女性が多いと言われている「小売業」や「サービス業」は、Eコマース向きです。

たとえば、私が若いころは、洋服はデパートやファッションビルまで出向いて購入していましたが、今は、オンラインショップやEC（電子商取引）アプリでの買い物が主流になりました。個人でECサイトを立ち上げ、小売業やサービス業を運営するためのサービスや、資金調達のためのクラウドファンディングサービスもここ数年で急速に広がっています。こうしたITツールを効果的かつクリエイティブに使いこなすことができれば、可能性はさらに広がります。

こうした動きを踏まえ、STEMやITの基礎教育をガールズや女性に広めることで、女性の経済的エンパワーメントを進めていこうという動きが世界的に加速しているのです。

2017年にイタリアのタオルミーナで開催されたG7サミットでは、首脳たちによる宣言とは別に、「ジェンダーに配慮した経済環境のためのG7ロードマップ」が採択されました。その中で、最初に出てくるのが「女性起業家の推進」です。

共通目標として、2020年までに「女性起業家の能力構築（キャパシティ・ビルディング）のニーズに対応する研修、メンタリング、ネットワーキングの機会を提供する」、2022年までに「スタートアップ段階で、女性起業家の融資や資金へのアクセスを改善する」といったことが掲げられています。

日本もこれから女性が起業家としてスタートする、ビジネスを軌道に乗せていくための環境整備に本格的に乗り出すことでしょう。

ここで注目していただきたいのは、「女性起業家の能力構築のニーズに対応する研修」です。

これまでの国際社会による起業支援の取り組みから、女性が起業するにあたっては、男性とは異なる「障壁」があること、それを踏まえて、女性特有のニーズに合った「研修」や「環境整備」をすることの重要性がわかっています。

たとえば、先ほどのカンボジアのプロジェクトでは、女性特有の障壁の一つが「女性は担保となる土地や建物を所有していないので、商業銀行からお金を借りることができない」ということでした。

そこで、「マイクロファイナンス」という手法を導入し、女性たちの事業者としての力をつけ、連帯保証制度で融資を行いました。

その後の一回一回の返済が彼女たちのクレジットヒストリー（信用の履歴）になり、ビジネスを拡大することで、資産も築き、最終的には商業銀行でもお金を借りられるようになることも目指しています。

東日本大震災の復興においても、女性の起業は注目されました。「女性たちの経済力をつける」という目的と、「地域の経済を再生させる」という目的の両方にかなうと考えられたからです。

私は東北で行なわれた起業支援事業の成果の評価にも関わりましたが、そのときにわかったのは、日本でも「女性特有の障壁」があり、その障壁を取り除くような配慮をしたり、女性のニーズに特化した研修や環境整備を行なったところがよい成果を挙げているということです。

女性特有の障壁は、「家事・育児・介護などの家庭内でのケア労働の責任も負っている」「自分で考え、自分で決め、自分で行動するということに慣れていない（奨励されていない）」「自分の能力やスキルを過小評価している」といったことでした。

こうした女性特有の障壁を理解し、それに基づいた支援を行なっているところで、女性の起業はうまくいっていました。

岩手県のもりおか女性センターによる女性起業支援プログラム「芽でる塾」がその一つです。家庭内や地域での女性の位置づけや性別役割分担については熟知している女性センターですから、講座の開催時間にも配慮し、まずは、女性たちが自分では認識していない能力やスキルの棚卸しをしたり、夢を語り合ったり、自己肯定感を高めたりするワークからスタートします。

そのあと、岩手県を拠点に「経営のプロ」として、地元の中小企業の経営支援に長年携わってこられ、盛岡市企業支援マネージャーとしてもご活躍されている関洋一さんが、女性たち一人ひとりが「自分がやりたいこと」「なぜ起業したいのか」をじっくりと時間をかけて突き詰め、それを論理的に言語化し、事業計画に落とし込むような寄り添い型の研修を行っていました。

ハーブの栽培とハーブティーの製造、りんご農家が出荷できなかったりんごを料理やスイーツにふんだんに使ったカフェ、バルーン・アート、小料理屋。

岩手県内に生まれた女性起業家を訪ねて歩きましたが、皆さん、農家のお嫁さんだったり、専業主婦だったりといった期間を経て、その長年の生活の中で培ったスキルや地域内での人脈を活用し、いつかやってみたいと夢見ながら地道に勉強してきたことをビジネスにされていました。関さんの、気長で丁寧な指導で作られた事業計画が「形」になっていたのです。

子育てや家事や介護、さらにはＰＴＡのような地域活動は、実は、スキルを磨いたり、ネットワークを広げるためには絶好の機会です。また、今、組織で働いていたとしたら、その経験も大きな資産になります（先ほどの関さんは、長年の経験上、大学を出てすぐに起業するのではなく、社会人としてあらゆる経験を積んでから起業するのがおススメだと仰っていました）。

自分が得意なことは何か、いつか、やってみたいことは何なのかを意識し、スキルアップしておく。起業講座に行ってみる。今、働いている人も、そうでない人も、「起業」を将来の選択肢の一つとして考えてもよいのではないでしょうか？

授乳服の「モーハウス」って、聞いたことがありますか？　経営者の光畑由佳さんが、かつて生後間もないお嬢さんを連れて外出したとき、電車内で泣き出して困ってしまった、仕方なく、そこで授乳した……という経験から生み出した、「授乳しているのに、授乳しているようには見えない服」を製造・販売している会社です。

お母さんとしての「困った！」という経験から、大学で学ばれた被服の知識と民間企業で企画などに携わった実績を活かして誕生したのが、世のお母さんたちから絶大な支持を得ている「授乳服」です。

2014年、北京で開催されたAPEC（アジア太平洋経済協力）の女性と経済フォーラムに、光畑さんと私は日本の民間からの代表として出席しました。光畑さんが、日本の女性起業家を代表して、授乳服を紹介されたとき、会場が感嘆の声でどよめき、世界各国から集まった女性たちが、携帯を取り出して、一斉に写真を撮りまくっていました。

子育て中の「困った！」は、自分だけではなくて、多くのお母さんやお父さんが感じる「困った！」かもしれません。私も子どもたち2人とも母乳で育てましたが、「当時、授乳服があったら、どんなに便利だっただろう!!」と心から思いました。

皆が「困った！」と感じていることに対し、その解決策をモノやサービスという形で提示する。日本にはまだまだたくさんのビジネス・チャンスがあるのではないでしょうか。

▢国の女性の起業支援に関する情報ポータルサイト
http://www.gender.go.jp/policy/sokushin/ouen/area/businessplan/
▢わたしの起業応援ｎｅｔ（経済産業省の委託事業）
http://joseikigyo.go.jp
▢女性の起業、決め手は自己決定力〜東北の復興支援現場から学ぶ〜
http://oxfam.jp/media/1_evaluation_report_kigyo.pdf
▢もりおか女性センター起業応援ルーム　芽でるネット
http://www.sankaku-npo.jp/mederunet/about/

学び続ける力

女性が生きていくうえで、「学び続けること」もとても大切です。キャリア形成においてはもちろんのこと、自分らしく、尊厳のある人生、楽しい人生を送る上でも。何歳になっても、「新しいことを知る」のは刺激的ですし、大きな喜びです。70代の私の母も、日々、平家物語だ、英会話だ、刀剣だ、法律だ、と様々な講座で勉強し、その講座で知り合った人たちとのコミュニティも楽しんでいるようです。その話を聞くにつけ、「人間の知的好奇心は年齢を重ねても、衰えないのだなぁ」と驚きます。そして、わたしも、母の年齢になったときには、同じように知的好奇心を持ち、いろいろな人たちと繋がりながら生きていきたいなぁと思います。

人生100年の時代、いくつになっても幸福感を感じられるように、ミレニアル世代の女性には、学び続けようという「意欲」と、実際に学んでみるという「実践力」を身につけていただきたいです。

日本では、義務教育が徹底しており、勉強できる環境は当たり前。むしろ、「勉強＝苦行」と感じる人の方も多いかもしれません。私もその一人でした。

ところが、UNDP時代にベトナムの少数民族が住む山岳地帯の集落で、学校に行ったことのないお母さんたちのための識字教育プロジェクトを視察しに行ったときに、目から鱗が落ちる経験をしました。

過酷な家事労働の合間に教室に集まり、字の読み書きができるようになったお母さんたち。

「勉強は、どうですか？」

と聞くと、目を輝かせて、

「生まれて初めて自分だけのために時間を使いました。それが嬉しい」

と言うのです。

私は、そのとき、「確かに、勉強って誰かのためにするのではなくて、そこで身につけた知識はすべて、自分のものになっていくんだ……。自分のための時間なんだ……」

ということに気づきました。

このお母さんたちは、少女のころから家事や農作業や子どもの世話に負われ、常に人のために時間を使ってきた人たちです。そんなお母さんたちにとって、「学びの時間」は、自分だけのために使う、大切な時間なのです。

字の読み書きができるようになると、図書室の本や雑誌を一生懸命読むようになります。

そこから、世界が広がっていくのです。そして、自分のために時間を使っていること、知識を身につけることが、自尊心に繋がっていくのです。字の読み書きができるようになったお母さんたちはとても嬉しそうに、自信に満ちあふれた笑顔を見せてくれます。

本来、学ぶことは自信を深め、自己肯定感を高めてくれるものなのだと思います。

主体的に生きていくためには、物事を決めるときに、「自分の軸」をしっかりと持っておくことが必要です。その軸を作るのは、「経験」と「知識」だと思いますが、自分の過去の経験だけに頼るとどうしても視野が狭くなりがちです。常日頃から知識を蓄えておくこと、とくに「リテラシー」を研いておくことが大切だと思います。

リテラシーとは本来、「字を読み書きする力」「識字」という意味ですが、最近は、「情報リテラシー」「メディア・リテラシー」「金融リテラシー」「科学リテラシー」など、多様な使われ方をしています。

それぞれの領域で表現される事柄を**「適切に理解し、解釈する力」**といえばよいでしょうか。入ってくる情報を鵜呑みにするのではなく、自分で取捨選択できる力をつけられるようにすることです。

少し前に話題になりましたが、大手ＩＴ企業が運営する医療系の「まとめサイト」に不正確で医学的根拠のない記事がたくさん掲載されていたことが発覚し、そのサイトは閉鎖されました。

医療、美容、健康、食、自己啓発、子育てなどに関して、まさに玉石混淆の状態でたくさんの情報が溢れています。一見、科学的に見えるけど、実は科学的な根拠のない「ニセ科学」もはびこっています。客観的なデータ、学術的な分析、科学的検証などによって裏づけられたのではなく、「個人の体験」や「個人の意見・解釈」も情報としてたくさん出回っています。その多くは、私たちに「モノやサービスを買わせるため」の情報です。

自分で取捨選択できるような審美眼を持つこと、つまり、「それは、何を根拠としているのか？」と自分に問いかける姿勢を持つことが健康的で安定した生活を送るためにとても大切なのではないかと思います。

▢『10代からの情報キャッチボール入門　使えるメディアリテラシー』（下村健一／岩波書店）

▢『原因と結果の経済学　データから真実を見抜く思考法』（中室牧子、津川友介／ダイヤモンド社）

リテラシーのもう一つの側面は、**「世の中の仕組みや動きを読み取る力」**です。

世の中の仕組みの土台となっているのは、「法律」です。私たちを守ってくれる法律の存在を知り、理解し、活用できる能力がリーガル・リテラシーです。

女性の人権は、国連女性差別撤廃条約という国際条約でも保障されていますし、日本にも男女雇用機会均等法、ＤＶ防止法、ストーカー防止法などがあります。法律上は、女性の権利が保障されているにもかかわらず、女性自身が法律の存在や中身について知識を持っていないと、権利は侵害されたままになってしまいます。

六法全書を片っ端から読む必要はありませんが、たとえば、「働く」ことに関しては、私たちにはどんな権利があるのか、パワハラや突然の解雇などの不当な扱いを受けたときに法律はどう自分を守ってくれるのかといったこと。「健やかに暮らす」ということに関しては、暴力を受けたらどうすればよいのか？　そもそも「暴力」には法律上、何が含まれているのか？　などは知っておいたほうがよいと思います。

また、法律は完璧ではありません。現在の法律が女性の生き方・暮らし方・働き方の実態と合っていないこともあります。法律ができたときの経緯によっては、女性に対して差別的な法律もまだ残っています。違法であったにもかかわらず、実態としては、ずっと放置されてきたマタハラ（マタニティ・ハラスメント）の問題も、多くの女性たちが声を上げたことで、平成27年に男女雇用機会均等法が改正され、マタハラ防止措置が義務化されました。妊娠・出産・育児休業などを契機とした不利益や嫌がらせは違法であるということを改めて周知し、対処するための指針も出ました。

このように、法律は進化します。結婚、妊娠・出産、雇用・労働、暴力などに関する現在の法制度にどのような問題があるのかを知っておくこともリーガル・リテラシーです。

□厚生労働省「働く女性のための法律Q＆A」
http://www.mhlw.go.jp/bunya/koyoukintou/seisaku08/dl/daigakusei_05.pdf
□『性と法律　変わったこと、変えたいこと』（角田由起子／岩波新書）
□『女性たちが変えたＤＶ法　国会が「当事者」に門を開いた３６５日』（ＤＶ法を改正しよう全国ネットワーク／新水社）

仕事や日々の生活で使える「スキルの習得」も大切な学びの要素です。
「仕事」や「稼ぐ力」に繋がるようなスキルなら、

□資格を取るための学習
□起業
□パソコン・IT
□語学
□管理職養成・リーダーシップ
□就職・再就職
□育休後の職場復帰の準備

日々の「生活」に活用するスキルなら、

□ファイナンシャル・プランニング
□コミュニケーション（アサーティブ・コミュニケーション、コーチング、交渉力など）
□女性の健康

などが考えられます。

問題は、どこで学ぶのか。学ぶには、お金と時間というコストがかかります。どこまで投資できるかは、人によって違います。

「最低限のコストで学ぶ方法」として紹介したいのは、「ラジオ」と「自治体の男女共同参画センター／女性センター」です。

①ラジオ

ＮＨＫラジオは、ありとあらゆる講座の宝庫です。ラジオがなくても、今は、インターネットで聴くことができます。

私はＮＨＫネットラジオ「らじるらじる」で聞いています。ホームページの番組案内を見るとわかりますが、「語学」「教養」「健康」「福祉」「仕事学」「高校講座」など、あらゆる講座が用意されています。とくに語学は、日本語を入れて10カ国語と、ラインナップが充実しています。

私もその昔、中学生のときは「基礎英語」を聞いていました。

当時は学校にネイティブ・スピーカーの講師が来ることもなかったし、インターネットもなかったので、「発音」を学ぶ機会はほとんどありませんでした。「基礎英語」でネイティブ・スピーカーの発音を聞き、それを真似る練習をしたものです。

今は、「大人の基礎英語」から、ビジネス英語やニュース英語などの実践的な講座も充実しています。テキストを数百円で購入できるのも魅力的です。「高校講座」も学び直しには最適です。

私の朝は、6時からの「古楽の楽しみ」で始まります。専門家の解説つきで中世の音楽を楽しむことができる番組です。6時半からはラジオ体操で健康増進。ラジオはタダだし、何といっても、家にいながらにして第一線の講師から学ぶことができるのですから、活用しない手はありません。

②地方自治体の男女共同参画センター・女性センター

全国の自治体に、ジェンダー平等と女性のエンパワーメントを推進することを目的として作られた施設が設置されています。

「男女共同参画センター」
「男女平等参画センター」
「女性センター」といった名称です。あなたが住む自治体にもあるはずです。

こうしたセンターでは、女性の視点に立った講座や講演が年間を通してたくさん提供されています。女性のための起業講座、育休中のママのための職場復帰に向けたセミナー、再就職を目指す女性のためのキャリア・プランニング講座、女性のための法律講座（働くこと、DV、結婚・離婚など）、コミュニケーション講座、女性の健康に関する講座など、テーマも内容も多岐に渡っています。

こうしたセンターが実施する講座やセミナーの利点は、次のようなものです。

□日本の女性たちが直面している「呪い」や女性特有の数々のハードルを熟知した上で企画されていること

□無料、もしくは実費程度の受講料で参加できること

□託児サービス付きの講座・セミナーが多いこと

□連続講座を受講したり、頻繁にセンターを活用するようになれば、地域に住む同じような関心を持つ女性たちと繋がるきっかけになること

昨今、女性のための起業セミナーが色々なところで開催されていますが、民間業者が行うセミナーのなかには高額かつ内容が薄いものもあります。

一方、起業のところでお話した、もりおか女性センターの起業講座の強みは、地域の女性たちが直面している数々の課題を熟知し、それを踏まえた上で、内容を企画し、講師を選んでいるところでした。

大切な「時間」と「お金」を投資するわけですから、起業に限らずどんなテーマであっても、女性特有の状況に目配りをした講座を受けるのが望ましいと思います。

ただ、全国のセンターの中には「先進的」で「イノベーティブ」なところもあれば、「マンネリ化」したところもあるのが現状です。

まずは、一番近くのセンターのウェブサイトを検索し、どんな講座があるかを調べ、面白そうなものがあれば、実際に足を運んでみてはどうでしょうか。ちょっと合わないなと思ったら、近隣の市町村のセンターや、都道府県のセンターをチェックしてみるとよいと思います。

私は講演やセミナーの講師として、全国各地のセンターにお邪魔するのですが、素晴らしい講座を提供しているのに、「なかなか、若い女性が来てくれない」という職員の方々の声をよく聞きます。

ミレニアル世代の女性たちは大歓迎されるはずです。講座終了後に配られるアンケートに、感想に加えて、こんなテーマを学びたい、こんな講師を呼んで欲しいという要望や提案を書いたり、直接職員に伝えたりすれば、アイデアが取り入れられる可能性も大きいと思います。

私だったら、「女性のためのサイバー・セキュリティ」「起業のためのITリテラシー／

プログラミング」「ネゴシエーション・スキル（交渉力）」などを提案してみたいです。ぜひ、あなたの「学びの拠点」として、男女共同参画／女性センターを活用してください。

□全国女性関連施設データベース（国立女性教育会館）
http://winet.nwec.jp/sisetu/index.php
□札幌市男女共同参画センターの講座例
http://www.danjyo.sl-plaza.jp/event/
□埼玉県男女共同参画センターの講座例
http://www.pref.saitama.lg.jp/withyou/event/list/index.html
□福岡県男女共同参画センターの講座例
http://www.asubaru.or.jp/seminars/

学び続けることは、自己肯定感を持ち続けることでもあり、なにか困難が起きたときに、それを乗り越える力を備えておくことでもあります。

今の自分の状況に合わせて、「何を学ぶか」「どうやって学ぶか」を考え、実行してみては？

育児中でも、託児のある講座に参加すれば、「自分のためだけの時間」を持つことができ、なおかつ脳が刺激されて、とてもよい息抜きになることでしょう。

生涯を通じて、学び続ける習慣を、今、身につけておいてください。

■助けを求める力、人と繋がる力

あなたは、「困ったときには、助けてもらいなさい」と言われて育ちましたか？

それとも、「人に迷惑をかけてはいけない。自分のことは自分で解決しなさい」と言われて育ちましたか？

日本には「困ったときはお互い様」という言葉があるのに、最近は、「自分の問題は何があっても自分で解決すべし」という「自己責任論」が広がっていて、それが生きづらさや不安に繋がっている気がします。

「助けを求めることは恥ずかしい」

「人に迷惑をかけちゃいけない」

「自分が我慢すればいい」

「こんなことで悩んでいるなんて言えない。もっと大変な人はたくさんいる」

そんな考えは捨てよう、と言いたいです。
困ったときには、助けを求める。
それが生きていくうえで、とても大切な力になります。
具体的には、
▢困っているときは、「困っている」と言えて、周囲の人にヘルプを求められること
▢解決策に繋がるような相談先を見つけ、相談すること
です。

まずは、周囲の人たちに**「困っている」「助けて欲しい」「手伝って欲しい」**ということを伝えられるようにすることです。

国連の幸福度調査でも、「困ったときに助けてくれる人がいる」と思えることが幸福感のアップに繋がると分析されていました。

「人に迷惑をかける」ことと、「助けや応援を求めること」は違います。子育て中、心や身体に不調があるとき、一人で抱えこまずに、思いきって「助けて」「手伝って」と声を上げること。

これは、一つの力であり、スキルです。

東日本大震災の被災地で、妊産婦や小さい子どもを持つお母さんたちへの支援に尽力されていた産婦人科医の吉田穂波先生が、「助けを求めるのは、スキルです。『受援力』です」とおっしゃったとき、なるほど、と膝を打ちました。

海外から来ていた緊急援助の専門家やボランティアは、「日本人は我慢強い。我慢強過ぎる」と言いました。

我慢強いのは美徳かもしれませんが、我慢強過ぎると、のちのち、その人自身にも、避難所全体にも深刻な影響を及ぼします。身体やメンタルの不調を我慢しすぎると、症状は悪化します。みんながみんな、我慢し続けて、体調を崩すと、避難所の衛生状態にも影響が出てくるのです。

だから、「しんどいです、助けてください」と言える力は、一人ひとりの人間にとっても、社会全体にとっても、とても重要なスキルなのです。

つい、「申し訳ないな」と思ってしまいますが、助けが必要なときは助けてもらう。その代わりに、自分に余裕があるときは、周囲に困っていそうな人がいたら、「大丈夫？何か手伝える？」と声をかけるよう心がければよいのだと思います。そして、普段から、自分が困ったときには相談しようと意識化しておけば、いざというときに声を上げやすくなるでしょう。

吉田先生がまとめたリーフレット『受援力のススメ』（2013）は、ウェブサイトからダウンロードできます。気持ちの伝え方やどんな言葉を選べばよいかがステップバイステップで解説されています（https://honami-yoshida.jimdo.com/受援力-について/）。

もう一つ、大切なのは、直面している問題の解決に繋がるような相談先に相談し、助けを求めることです。

周囲の友人や家族に相談しただけでは、解決できないこともたくさんあります。むしろ、相談相手の経験談や根拠のないアドバイスに従うことで、事態をさらに悪化させてしまう危険性もあります。

健康や身体のこと、お金のこと、家族や人間関係のこと、職場の環境のこと、就職や再就職のこと、ハラスメントのこと、DVやストーカー行為や性被害（痴漢を含む）のことなど、**専門家や専門機関に相談することで解決できること**はたくさんあります。

そうした**相談先に辿り着き、問題を解決する力**を身につけてください。

どこに相談すればよいか迷ったら、

まずは、「寄り添いホットライン」0120-279-338（岩手・宮城・福島専用ライン：0120-279-226）に電話してみるとよいでしょう。

厚生労働省の補助金を得て、一般社団法人社会的包摂サポートセンターが行っているものです（http://279338.jp/yorisoi/）。

専門の相談員が相談の内容に応じて、制度に関する情報提供や適切な支援機関の紹介や場合によっては同行支援もしてくれます。

同じように、地域の男女共同参画センターや、女性センターにも相談窓口があります。対面での相談だけではなく、電話相談やインターネット相談を行なっているセンターもたくさんあります。

▢DV相談ナビ（配偶者・恋人等からの暴力）
全国共通電話番号０５７０−０−５５２１０
http://www.gender.go.jp/policy/no_violence/dv_navi/index.html

▢性犯罪・性暴力被害者のためのワンストップ支援センター一覧
http://www.gender.go.jp/policy/no_violence/avjk/pdf/one_stop.pdf

▢妊娠・出産をサポートする女性に優しい職場づくり相談窓口（厚労省委託事業）
http://www.bosei-navi.mhlw.go.jp/advice/

▢女性の人権ホットライン（法務省）

http://www.moj.go.jp/JINKEN/jinken108.html

〇ＮＰＯ法人ＢＯＮＤプロジェクト（10代20代の生きづらさを抱える女の子のための女性による支援）

http://bondproject.jp/

私たちのまわりには、いざというときに相談にのってくれたり、一緒に解決に向けて動いてくれたり、解決策を提供してくれる「社会資源」があることをまずは知っておきましょう。

そして、なにか問題が起きたときは、「相談する」「助けを求める」という行動を取りましょう。そのためには、まずは、どんな**「ソーシャル・サポート」「社会資源」**があるのかを知っておくことが重要です。

あなたのお住まいの自治体のウェブサイトにアクセスし、どんな施策があるかをチェックしておくとよいでしょう。

日本は、子育て、暮らし、お金、健康、医療などに関して、行政によるサービスがとても充実した国です。ところが、日本の行政サービスは「申請主義」。自分が住む自治体にどのような支援やサービスや制度があるかを自分で探し当て、自分で申請することが必要です。

ある県の調査で、自治体のシングルマザー向けの就労支援センターの存在をどの程度シングルマザーたちが知っているかを調査したところ、半数が知らなかったと答えていました。

国連の幸福度調査や、東北での若年調査が裏づけているのは、「ソーシャル・サポート」を利用したり、「社会・人との繋がり」を持っておくことが幸福感を感じながら暮らしたり、困難を乗り越えたりするための要素になっていることです。

皆さんの人生はこれからまだ長いのです。

誰でも、困ったことや自分の力ではどうしようもできないことに直面します。

そのときに、問題を受け止め、解決し、また歩んでいけるような「しなやかに生きる力」を20代30代のうちにつけておいてください。

第4章

ジェンダー・バイアス

――日本の「女性活躍推進」の壁とこれから

01

エンパワーメントと同じくらい大切なのは「社会のありよう」

「生きにくさ」「働きにくさ」は力不足だけが理由ではない

これまでの章では、一人ひとりの女性の「生きていく上での心構え」や「身につけておきたいスキル」についてお話ししてきました。

明日から、実行できそうですか？

自分の人生を自分で決めながら生きていく力を身につけること。つまり、「エンパワーメント」は、誰にとっても幸せな人生を歩むための必須条件だと思います。

でも、皆さんの中には、これまでの章を読みながら、

「いや、現実はそんなに簡単じゃない」

「そもそも、やりがいのある仕事ができるような働き口がない」

「理解のある男性ばかりではない」と感じた方もいるのではないでしょうか？

それは甘い考え？　いいえ、そんなことはありません。

女性の生きにくさ、働きにくさは、必ずしも、私たちの力不足、努力不足だけが理由ではないからです。

女性はこういう道を選ぶべき、女性はこういう責任を果たすべき、という数々の「呪い」は、家庭や地域や社会の中に深く潜んでいます。

さらには、そうした「呪い」が人々の意識だけではなく、あらゆる法律や制度や社会構造に組み込まれているのです。

私たち一人ひとりが心構えを持ち、スキルを研いても、それだけでは実は不十分なのです。それは、これまでの国際的な調査や研究でも実証されています。

■幸福度ランキングとジェンダー平等社会

第1章でご紹介した、世界幸福度調査を思い出してみてください。

国連は、**「個人の幸福」**と**「社会全体のあり方」**の両方に注目していました。「社会的支援の存在」や「社会の寛容度」や「政治への信頼度」は、一人ひとりに人間が幸せを感じるかどうかの指標として使われているのです。

上位につけた、デンマークやアイスランドやノルウェーといった国々は、社会福祉制度が整っていて、人々の選択が尊重されて、政府や政治に対する信頼度が高くて、不平等が比較的少ない国々です。

自分だけの力で、自己責任で生きていくのではなく、困ったときは助けを求めることができ、自分の人生の選択が尊重されていると感じることができるような社会が、人々の幸福感の条件だといえると思います。

日本はどうでしょうか？

もう一つ、興味深い事実があります。幸福度ランキング（2017）の上位国は、世界経済フォーラムのジェンダー平等度ランキング（2017）の上位国と重なっているのです。

幸福度ランキング

1位　ノルウェー
2位　デンマーク
3位　アイスランド
4位　スイス
5位　フィンランド

ジェンダー平等度ランキング

1位　アイスランド
2位　ノルウェー
3位　フィンランド
4位　ルワンダ
5位　スウェーデン

（中略）

141位　チャド
142位　シリア
143位　パキスタン
144位　イエメン

152位　シリア
153位　タンザニア
154位　ブルンジ
155位　中央アフリカ共和国

トップ・ファイブは、北欧の国々が中心ですね。

男女ともに働き、家庭生活も充実させ、休暇もちゃんと取って人生を謳歌しているイメージがあります。

ジェンダー平等社会とは、

「男性と女性が、等しく権利、機会、責任を分かち合い、意思決定にも対等に参画できる社会」です。

平たく言えば、

「男性と女性が同じように潜在能力を伸ばし、それを活かせるような仕組みが整い、そういう考え方が浸透している社会」「男性と女性が、一緒に、対等に物事を決める社会」です。

幸福度の高い国と、性別に関わらず、自分の生まれ持った可能性を開花させながら生きていける社会。ワークとライフを大切にしながら、生きていける社会。

なるほど、確かに、「社会のありよう」も私たち一人ひとりが幸せな人生を送る上で、大切な要素ですね。

では、日本の順位はどうでしょうか？

111位　ネパール
112位　モーリシャス
113位　ギニア
114位　日本
115位　エチオピア

そうです。日本はなんと、114位！

ギニアとエチオピアに挟まれているという状況です。

実感はありますか？　ちょっと、納得いかないですね。国の経済規模やインフラの充実度から考えたら、日本とエチオピアやギニアは雲泥の差です。

ジェンダー・ギャップ指数2017年　各分野の日本の順位と比較

各国における男女格差を測るジェンダー・ギャップ指数は、日本は、144カ国中114位。日本のジェンダー指数は「0.657」。1位のアイスランドは「0.878」（男女完全平等は「1」。完全不平等では「0」）

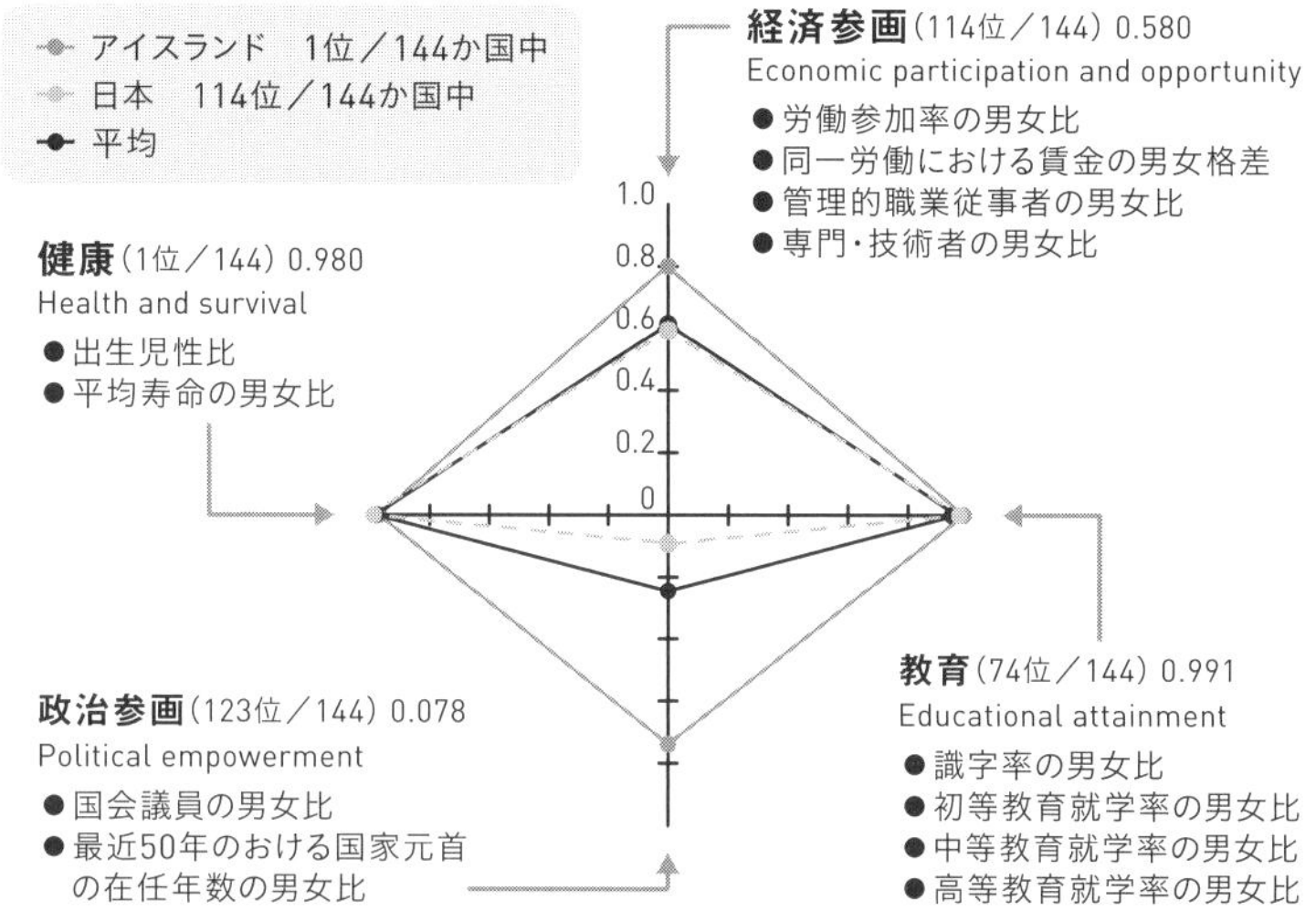

ジェンダー・ギャップ指数（2017年）主な国の順位　144か国調べ

順位	国名	値	順位	国名	値
1	アイスランド	0.878	11	フランス	0.778
2	ノルウェー	0.83	12	ドイツ	0.778
3	フィンランド	0.823	15	英国	0.77
4	ルワンダ	0.822	16	カナダ	0.769
5	スウェーデン	0.816	49	米国	0.718
6	ニカラグア	0.814	71	ロシア	0.696
7	スロベニア	0.805	100	中国	0.674
8	アイルランド	0.794	114	日本	0.657
9	ニュージーランド	0.791	118	韓国	0.65
10	フィリピン	0.790	144	イエメン	0.516

出典：内閣府男女共同参画局「『共同参画』2017年1月号」を参考にして作成。

それなのに、ジェンダー平等度では追い抜かれてしまいました。私もショックです。エチオピアでも、ネパールでも、女性支援に携わってきたからです。

まさか、日本が追いつかれるとは……。

それにしても、そもそも、このランキングは、一体なにを根拠にしているのでしょうか？　解説していきましょう。

世界経済フォーラムは、2006年から、**「健康」「教育」「経済」「政治」**の4つの領域での男女格差を測り、グローバル・ジェンダー・ギャップ指数として発表しています。

健康、教育、経済、政治は、まさにエンパワーメントの4つの要素ですね。

それぞれの領域で、いくつかの指標を用いて、男性が「1」だとしたら、女性はどれくらいかを割り出しています。男性と完全に平等であれば、「1」になります。反対に、完全に不平等であれば「0」になります。

それを総合した「ジェンダー指数」が最も1に近い国が1位、もっとも遠い、0に近い国が最下位になります。

ちなみに、1位のアイスランドは「0・878」で、最下位のイエメンは「0・516」。日本は「0・657」でした。

この図をみると、男女格差が最も大きいのは、「政治」の領域、次いで「経済」ですね。「健康」状態も良く、「教育」も高校までは同等で大学進学率で男女差が生じる。そして、雇用や賃金や昇進、つまり「経済力」では大きな男女格差があり、さらには、国の法律や政策や予算を決める「政治」の場に極めて女性が少ないことがわかります。

「社会のありよう」「経済のありよう」を決める場に、女性が圧倒的に少ないのです。

それが日本の特徴です。

私は最初の職場が国連で、日本の会社や組織で働いた経験はありませんでした。

生まれ育ったのは日本ですが、両親もリベラルな考え方だったので、「女の子だから」と何かを制限された記憶もありません。

学校でも「女の子だから」という理由で差別された記憶もとくにありませんでした。だから私は日本は「男女平等」だと思っていたのです。

ところが、国連で働いていたときに、よく上司や同僚に「日本は優秀な人材を無駄にしているわねー」と言われました。

国連の日本人職員（専門職）の比率は、4対6くらいで女性のほうが多いのです。

紛争と隣り合わせの難民支援の現場でも、陸の孤島のような開発支援の現場でも、とにかくたくさんの日本人女性が活躍していました。

一度は日本の企業や組織に就職したけど、「このまま働き続けても、男性と同じようには実績を積めない」と思って、大学院で修士号を取り、「男性と対等に勝負できる」国際機関に入ってきた人も多く、その様子を見て、「優秀な女性人材が国から流出してしまって、もったいない」と言いたかったのでしょう。

私は日本の企業で働いたことがなかったので、「そういうものかな？」と思っていました（余談ですが、日本の企業は、「危ないから」と女性の海外出張や海外赴任を避ける会社があると聞きますが、開発支援や人道支援の最前線で活躍する日本人女性たちを見るにつけ、本当に的外れなことをやっているなぁと思います）。

ところが、あるとき、やはり上司や同僚たちから「アサコは日本人と接するときには人が変わるわね～」とからかわれました。

それは、日本政府の代表団がＵＮＤＰを訪問して、年次会合を開いたとき。日本の代表団は圧倒的に男性が多く、対するＵＮＤＰは男女ほぼ半々。私は、いつもなら堂々と座り、発言したいときは遠慮なく大きな声で発言しているようなのですが、日本代表団が来ると、私はドアの近くにちんまりと座り、とにかく発言は控えめ。しかも、いつもよりも声が高くなる。「まるで別人！」とからかわれました。

私の中に、「女性はこう振る舞うべき」という無意識の刷り込みがあることに気づきました。男性を立てる、高い声で話す。

一体、どこでそんな振る舞い方を覚えたのだろう？　と愕然とした記憶があります。

日本の中にいるとわからないこともたくさんあるものです。

この章では、視野を広げて、私たちを取り巻く「社会のありよう」を客観的に見ていきましょう。

日本は、私たち女性にとって、どんな社会なのでしょうか？

もしかしたら、あなたが日頃「モヤモヤ」と感じていることがクリアになるかもしれません。

そして、どうやったら、私たち自身の力で「呪い」のない、生きやすく、働きやすい社会を創っていけるかを考えてみましょう。

02 「女性活躍」、実感している？

■女性活躍推進法の施行

息子は、昨年から今年にかけて就職活動をしていました。

家に持ち帰ってきた企業のパンフレットを私も興味本位でパラパラとめくってみたのですが、びっくりしたのは、どの企業も「わが社の女性活躍に向けた取り組み」をアピールしていたからです。

数年前までは、私の授業を受講している女子学生たちが、「就活をしていると女子だからというだけで情報がこないのを感じる」とか、「結婚・出産したら辞めますよね、という趣旨の質問をされた」と嘆いていたときとはまったく状況が変わったような気がします。

パンフレットには、女性がライフステージを通じて働ける環境であることがことさらに強調されているのです。

やはり、ここ数年の変化には目を見張るものがあります。

２０１６年４月に施行された「女性の職業生活における活躍の推進に関する法律」（通称：女性活躍推進法）が施行されました。

働く女性たちを国、地方公共団体（都道府県・市町村）、民間企業で後押ししていこうという10年間の期限付きの法律です。

この法律ができた背景には、超少子高齢化の進展と労働人口の減少と、以下のような状況があります。

- ▢働きたいけど働けない女性が３０１万人いる
- ▢一人目の子どもを出産した後に６割の女性が仕事を辞めている
- ▢育児が終わってから再就職する場合は、正規雇用ではなく、パート・アルバイトなどの非正規雇用が多い
- ▢女性の非正規雇用比率は56・６％（男性は21・９％）
- ▢管理職（社員１００人以上の企業・課長相当職）に占める女性の割合は９・８％
- ▢上場企業の役員に占める女性の割合は３・４％

□育児休業取得率は女性が86・6％で男性が2・3％

□家族の介護や看護を理由に離職・転職した人のうち、80・3％が女性

※『ひとりひとりが幸せな社会のために　男女共同参画社会の実現を目指して　平成28年版データ』（内閣府・男女共同参画推進連携会議）より

これらのデータから読み取れるのは、

□女性が働き続けることは難しい

□一旦、離職すると、正規雇用で労働市場に戻ってくるのが難しい

□（育児、介護、看護などの）ケアワークを主に担っているのは女性である

□管理職・役員に女性のロールモデルが少ない（＝女性が働き続けることを奨励する環境・企業文化がない）

ということです。

子育てをしながら無理なく働き続けることができる環境や、子育てに専念するという選択をした人が再就職できる仕組み、そして、ケアワークを女性だけの責任とするのではな

く、家庭内や社会の中で再分配していく取り組みが必要だということがわかります。

女性だけが頑張るのではなくて、やはり、「就業構造」や「働き方」や「ケアワークの分担の仕方」といった、社会のありようを変えていかなければなりません。やっと、その動きが加速化してきました。

その一つが、女性活躍推進法です。

日本全国の従業員301人以上の事業主は、企業・国・地方自治体・学校・病院が「女性活躍の状況を把握し、改善すべき点を分析し、行動計画を策定する」「情報を公表する」ことを義務づけられたのです。

300人以下の民間事業主については、努力義務とされています。

「状況把握」する事柄は、

○女性採用比率
○勤続年数男女差
○労働時間の状況
○女性管理職比率

などです。

自社の状況を把握し、改善点が何かを分析し、それを元に行動計画をつくります。すべての情報が公表されているわけではありませんが、公表されているものについては、「女性の活躍推進企業データベース」(http://positive-ryouritsu.mhlw.go.jp/positivedb/) で見ることができます。

情報の「見える化」は、企業や地方公共団体が取り組みを進める動機づけになりますが、私たちもこれらの情報を活用していきたいものです。

積極的に情報開示をしている企業や、年度毎に着実に数値を上げている企業に女性の人材が集まるようになれば、企業による取り組みはさらに進んでいくことでしょう。

また、行動計画が本当に女性の働きやすさに繋がるような、実状に即した施策かどうかを女性たちが見極めていく必要があります。

経団連のウェブサイトでも、「女性の活躍事例集」や「女性活躍アクションプラン」などの情報が出ていますので、参考にしてみるとよいでしょう。

http://www.keidanren.or.jp/policy/index08.html

女性が活躍できる制度や環境を整備することを「**経営戦略**」と考えるか、面倒くさい「**コスト**」と捉えるか。まだ日本では後者の方が圧倒的に多いように思います。

これから労働力不足になるといっても、まだ、新卒の学生は入ってくるし、利益もそれなりに上がっている……。そんな企業にとっては、女性活躍推進は「コスト」です。

それに対して、グローバルな金融市場や資本市場に目を向け、中長期的なビジョンを描いている会社は、これから資金調達においても「女性活躍の推進」が必須条件になっていくのだということがわかっていると思います。やらなければ、世界の投資家・投資機関からお金が集まらない、すでにそんな時代に入りつつあります。

私は最近、「民間企業や行政機関での女性のリーダーシップの進展度」についての国際比較調査に携わりました。いくつかの国では、政府やNGOに加えて、証券取引所にも話を聞きに行きました。

上場条件として、企業に対して財務情報以外の情報開示を要請する動きが世界中で強まり、そうした非財務情報の中には「ダイバーシティの度合い」や「女性活躍の度合い」も含まれているからです。

2014年にEUが先陣をきって非財務情報の開示を義務化しました。その流れに乗るように、欧米はもちろん、アジアでも台湾、シンガポール、マレーシアといった経済成長の著しい国々の証券取引所が義務化を進めています。

世界の多くの投資家・投資機関が、企業に対して、自分たちが**「環境に優しいこと(Environment)」「社会に貢献していること(Social)」「ガバナンスがしっかりしていること(Governance)」**を裏づけるような情報を開示せよと求めているのです。

財務上のパフォーマンスだけではなく、**「環境」「社会」「ガバナンス」**（＝ESG）での取り組みや実績が新たな「企業価値」となったのです。

その「ガバナンス」の中に、女性が働き続け、能力を発揮し、意思決定にも関われるようなマネジメントをしているかを測る指標として、**「社員の女性割合」「役員の女性割合」「男女間の賃金格差」**などが導入されています。

こうした情報の開示を義務づけている国もあれば、ニュージーランドのように「報告しなくてもよいが、報告しないのなら、なぜ報告しないのか、その理由を明示しなければならない」というルールを導入している国もあります。

日本の企業はESGのうち、「E」の環境には強く、報告もしっかりしていると言われています。ところが、「G」は特に弱いといわれており、グローバルな金融資本市場から投資を呼び込むのであれば、さらなる改善が必要だとされています。

2017年3月7日付の日本経済新聞は、アメリカの大手投資運用会社のブラックロックの日本法人が、投資先の400以上の日本企業に対して「働き方改革」を求める書簡を送ったと報じました。

ブラックロック社は、世界最大級の機関投資家で、日本株を20兆円も保有する、いわば日本企業の「大株主」です。

「従業員に投資をし、働きがいのある環境を創ることが、企業の中長期的な成長を促すのだ」「ESGを本業に組み込んでいくべき」という「大株主」からの呼びかけは、日本の企業に対して大きな意味を持ちます。ブラックロック社の投資先の日本企業は、今後、こうした視点から、評価されるようになるからです。

働き方改革は、女性が活躍するための基盤整備であり、まさに「Governance」の向上に直結しています。こうした世界の動きに敏感な経営者であれば、ダイバーシティの推進と女性活躍の推進が、「コスト」ではなく、資金調達のための「マスト」であり、これからの時代の「企業価値」そのものだということを理解し、積極的に環境整備をすることでしょう。

今は消極的な企業でも、この波を回避することは難しいのではないかと思います。ブラックロック社だけではなく、欧米を中心に大手の機関投資家がESGを重要視するようになったり、証券取引所が非財務情報の開示を義務化したりすれば、その動きにのらないと資金調達が難しくなるからです。これからの数年間で、重い腰を上げざるを得ない日がくると思います。

ただ、これまでの「女性活躍推進」や「働き方改革」の状況をみると、「数合わせのために、とりあえず女性を登用する」とか「ノー残業のプレミアム・フライデーと言いつつ、社外のカフェで仕事をする」など「形式的」な改革に留まるケースもよくあります。改革の中身が実態に合っていない、誰かにしわ寄せがいく、といったことにならないように、私たち一人ひとりが注意を向けて、声を上げていかなければならないと思います。

2020年まで管理職に占める女性割合を30％にするという国の目標がありますが（世界では、すでに「役員比率を30％〜40％にしよう」という目標が主流です）、それを実現するためには女性たちが心身ともに健康に、やりがいを持って働ける環境づくりが必要です。

それが一体どんな環境なのか？　どんな制度やサポートが必要なのか？　男性上司や女性社員にはそれぞれどんな意識改革が必要なのか？　そういったことを「決めてもらう」のではなく、積極的に声を上げていくことも大切だと思います。

そのように声を上げる女性が多い国ほど、女性が働きやすい職場、生きやすい社会が実現しているからです。

●女性が活躍できない「地方」は滅びる？

「女性活躍」は、都会の大企業だけの話ではありません。地方でも、女性が活躍できる地域づくりができるかどうかが、未来を左右する鍵です。

２０１４年に民間団体の日本創生会議が発表した提言が大きなニュースになりました。２０１０年時点の20〜39歳の若年女性の人口が２０４０年に半分以下になる自治体を「消滅可能性がある」とし、全国の約１８００の市区町村のうち、半分の８９６自治体が「消滅可能都市」であるという試算を発表したのです。

若年女性が減れば、当然のことながら生まれる赤ちゃんの数も減ります。つまり、若い女性たちが「地方」の命運を握っているのです。

２０１５年に開催された「若者と移動」をテーマとした労働政策フォーラムで、国立社会保障・人口問題研究所の林玲子国際関係部長は、以下のような報告をされました。

- ２０００年以降、女性のほうが都市に入ってきた後も出て行かず、いったんとどまる傾向がある
- Ｕターン割合は、女性よりも男性の方が高い

○女性の活躍度（県議会議員・市区町村議会議員・行政管理職、民間における管理職・専門技術職、所得における女性比率を指数化）、所得が高い県の方が一人あたりの所得が高くて女性の転入数も多い

※http://www.jil.go.jp/event/ro_forum/20151114/houkoku/03_houkoku2.html

都市部に出てきた男性と女性のうち、男性は地元にUターンする傾向が高く、女性は都市部にそのまま留まる傾向にある。意思決定ポジションに占める女性の割合が高い地域は、戻ってくる、もしくは移動してくる女性の数が多い。なおかつ、そうした地域では、（男女問わず）一人あたりの所得も高い。すごいですね。地方創生の鍵は、出生数においても経済においても、若い女性が握っているといっても過言ではないようです。

それでは、なぜ、若い女性たちは都市部に出て行き、なおかつ、帰ってこないのでしょうか？

国際女性会議「WAW！ 2016」の「地方からのイノベーション：女性が『真に』輝く社会とは？」には、北海道、宮城、熊本をはじめ、全国各地の地方・地域の女性たちを対象とした活動を行なっている人たちが集まり、現状や調査結果などを共有しました。

宮城県石巻市を拠点とするNPO法人ウィメンズ・アイが主催する「グラスルーツ・アカデミー東北」や各種講座に参加した岩手、宮城、福島の若い女性たち、述べ6000名から出てきた声として、

□伝統的な文化・慣習が根強い
□女は家にいるもんだといわれる
□子どもができると仕事を辞めるかパートへといわれる
□人前で意見をすると出る杭は打たれる
□若い女性の声は反映されない
□長時間労働は、女性は働けない、夫は子育て家事に参加できない（岩手は長時間労働No.1）
□大学や仕事の経験が活かせない
□魅力的な仕事がない
□子育て、介護で家を出られない
□シングルマザーへの偏見が根強い

が紹介されました。

ディスカッションを通して浮かび上がってきたのは、地方・地域の女性の活躍を阻む「障壁」として考えられるのは、

▢女性差別
▢年齢差別
▢性別役割分担・分業
▢保育施設が無い
▢自信・自己肯定感が低い
▢意思決定の場に女性がいない・少ない

といったことだと結論づけられました。

地方にお住まいの方、どうですか?

こうした「障壁」を取り除かない限り、若い女性たちは流出し続け、ふるさとには戻ってこないのでしょう。

ところが、人口減少に歯止めがかからない地域では今日も、「どうすれば若い女性がい

なくならないか、戻ってくるか」といった議論をシニア男性たちだけで繰り広げているのです。

国立社会保障・人口問題研究所の調査でも明らかになった通り、議会や行政管理職など、「地域のありようを決める場」に女性が多ければ、若い女性の流出は少ないのです。シニア男性たちだけで物事を決めている地域は、やはり、若い女性たちにとっては、意見も言いづらく、暮らしにくいのだと思います。

先ほどの大企業と同じように、女性たちがいきいきと生き、活躍できる環境を創ることが、地域の創生に繋がるのだということに男性リーダーが気づき、「経営戦略」ならぬ「生き残り戦略」として障壁を取り除くような取組みができた地域は活気を保ち続けるでしょう。

実際に、男性リーダーが気づき、行動を起こす事例も出てきました。

その一つが、２０１６年7月17日付の日本経済新聞に、「地方がおびえる女性流出　因習が重荷、打破へ第一歩」という記事に取りあげられた、長野県川上村です。

日本有数のレタスの生産地で売り上げも上々。経済的に余裕のある村ですが、人口は減り続けているそうです。

「若いお嫁さんを連れてくれれば解決するのではないか？」と思った村長さんが、東京の結婚支援会社に相談したところ、「**まずは、男性中心の地域社会を見直し、若い女性が暮らしやすい環境を創らなければ、女性は居着かない**」と言われたそうです。

その後、同社のアドバイスを受けながら、若い女性たちが「嫁」としてではなく、それぞれの個性と力を発揮しながら地域づくりにも参画できるような取組み「KAWAKAMI SMART PROJECT」を2016年に立ち上げたそうです。

たとえば、スマートフォンのアプリを活用して、家事・育児のシェアリングができる仕組みづくりを実現。女性たちのケア労働の負担を減らすことで、女性たちが自分のために使える「時間」をつくったり、主に女性をターゲットにしたアイデアコンテストを行なったりと、全国の自治体から注目されているそうです。

今後はＩＴやロボット技術も活用して農業のスマート化をはかり、そこでも女性たちがアイデアを出したり、より少ない負担で農業に従事できるような仕組みをつくるそうです。川上村は「結婚環境の向上」という目標をかかげて、女性たちの暮らしやすい社会づくりに取りかかりました。

結婚するかしないかは、個人の自由であり、一人ひとりが自分の意思で選択することですが、その選択をした瞬間に「嫁」という役割が与えられ、家父長制的な制度の歯車になるのではなく、「個」として主体的に、夫と対等なパートナーとして生きる。まずは、それを良しとする価値観を醸成することが、家庭、地域、会社での「障壁」を取り除く第一歩になるのではないでしょうか？

「KAWAKAMI SMART PROJECT」を手がけた、田中淳一さん（一般社団法人ローカルソリューションズ代表）は、地方の地域社会をより女性や若者が生きやすく、暮らしやすい環境に変えていくことを「文化のスマート化」ととっつきやすい言葉で表現されていて、なるほどな！　と感心しました。

地域創生に本当に意欲のあるリーダーなら、「文化のスマート化」に前向きに取り組み、活気のあるコミュニティを作っていこうと思うのではないでしょうか？

私は、講演で全国各地の「地元の名士」の方々に向けてお話をすることが多いのですが、国立社会保障・人口問題研究所のデータを紹介しながら、「人口減・人口流出」と「女性に対する呪いの多さ（家父長制的な規範の強さ）」を結びつけ、さらには川上村の取り組みを事例として紹介すると、大きな反響があります。

今後、「文化のスマート化」が全国各地に広がっていくとよいなと思います。

03

女性が生きやすく、働きやすい社会を創るのは、あなた

国会議員に占める女性の割合

平成29年11月現在、衆議院議員に占める女性の割合は10・1％、参議院は16％です。国の法律、制度、予算を話し合い、決める場に、女性は1割強しかいません。

2012年に第二次安倍政権が発足したときから、「女性活躍の推進」が国の優先課題になりました。日本はこれから超少子高齢化が進みます。労働人口もどんどん減っていきます。そうすると、国のGDPは下がりかねないし、消費が冷え込めば景気も悪くなるし、入ってくる税金も少なくなります。

国は、少ない収入（税収）で、たくさんの高齢者を支えなければなりません。

とにかく労働人口を増やし、納税者を増やすこと。そうでなければ、日本は立ち行かなくなってきます。

そこでできたのが、「女性の皆さん、働いてください！　活躍してください！」というかけ声です。

ところが、女性が働く環境は整っていません。象徴的なのは、保育園が圧倒的に足りないということです。

そこで、政府も「待機児童解消！」と乗り出しました。

ところが、2015年から導入しようとした「子ども・子育て支援新制度」では「**保育園の数を増やす**」ための7000億円の財源は確保したものの、「**質を高める**」ために必要な保育士の待遇改善や充分な人員配置に必要な7000億円は足りないままでした。

もともと、「子どもは家で母親がタダで面倒をみるもの」という意識があるために保育士の賃金は低く設定されています。

子どものケアをするのは重労働であること、早期教育は専門職であることという認識も充分に浸透していません。

衆議院では議員の9割が男性ですが、子育てをしたことがなかったり、子育ては妻に任せきりだったりという状況であれば、「保育園の数を増やし、なおかつ質を高める」という政策の優先順位はどうしても低くなります。優先順位の低い課題には、予算をつけようという気運は生まれません。

保育園の数と質が充実している北欧諸国は、やはり、国会議員の女性比率がとても高いのです。

女性たちが抱えている問題をしっかりと取り上げ、実状にあった法律や政策を作り、それらを実行できるように財源を確保していく動きができるからです。

国の法律・制度・予算を決める場に、実際の社会と同じように男性と女性がそれぞれ半々でいれば、男性と女性が働きやすく、より多くの人たちのニーズに沿った議論が行われ、それが実行されていくことでしょう。だからこそ、世界経済フォーラムの指標に「政治参加の度合い」が入っているのです。

他の国が国会議員の女性割合を増やそうと様々な取組みをしているのは、女性が生きやすく、暮らしやすく、働きやすい社会を作るためには女性の政治参加が必要だと考えているからです。

■ フィンランド「ネウボラ」、ノルウェー「パパ・クオータ制度」

たとえば、フィンランドのリプロダクティブ・ヘルスと子育て施策。

フィンランドには「ネウボラ」（アドバイスの場、という意味）というシステムがあり、妊娠期から、子どもが就学するまでの期間を通して、子どもの発達だけではなく、母親、父親、きょうだいといった家族の心と身体の健康も包括的にサポートしています。

生まれてきた子どもを国、というか社会全体で歓迎し、新しい家族を迎えた親やきょうだいを応援し、孤立しないようにする体制です。

女性は、妊娠したらまず、近くのネウボラに行き、そこでお医者さんや保健師・助産師さんと繋がるそうです。出産時には、管理栄養士さんやカウンセラーもいるので、家族の心のケアも受けられるのだそうです。社会全体で子どもを歓迎する仕組みのあるフィンランドでは、児童虐待は減少し、出生率も上がったそうです。

ノルウェーは、１９９３年に世界に先駆けて「パパ・クオータ制度」を導入したことで有名です。

パパママ合わせて、最長54週間。44週間までなら給与の１００％が、さらに54週間までなら80％が支払われる仕組みがあり、ママは必ず産前産後に９週間、パパは６週間。残りはママがとってもパパが取ってもよいそうです。

パパ・クオータ制を導入する前は、育休取得率は４％程度だったのに、今では９割以上のパパが育休を取得しているそうです。

同様のシステムをスウェーデンやドイツも導入しています。スウェーデンは、専業主婦率が2%だということでも有名です。

さらに、ノルウェーは、2004年に世界に先駆けて、**国有企業と上場企業の取締役の女性割合を40%以上にする**、というクオータ制を導入し、企業に法的に義務づけたのです。

その制度を導入しようとしたのは、経済産業大臣だそうです。

グローバル化が進む市場で、ノルウェーの企業が多様な消費者に向けて多様な商品やサービスを開発できるようにすることで、国際競争力を高めたいというのが動機だったそうです。

2016年現在、上場企業の役員に占める女性の割合は3・4%です（内閣府男女共同参画局女性役員情報サイトより）。

ただ、このように数値目標を決め、法的義務を課すと、「とりあえず、数合わせ」になってしまい、そのポストに必要な経験と知識を身につけていない人が登用されるという傾向も指摘されました。

多くの国で女性たちが働き続け、経験と実績を積み、自信を持って取締役になれるような取り組みや若い女性たちへのリーダーシップ教育が行われています。

ジェンダー平等進展度1位のアイスランドは、人口33万人の島国です。

群馬県前橋市や東京都北区と同じくらいです。1980年に世界で初めて女性が大統領になった国です。その5年前に、女性たちは男女平等を求めて職場や家庭での仕事・労働を放棄し、ストライキをしたそうです。やはりパパ・クオータ制を導入して父親の9割が育児休業を取得しているそうです。

２０１６年のジェンダー平等進展度が発表された10月24日の午後2時38分。アイスランド中の女性たちが職場を立ち去りました。未だに残る賃金格差に抗議するストライキです。首都レイキャビクには、女性たちが集結しました。現状だと、女性は、午後2時38分以降は無償で働いていることになるそうです。

同様のアクションが行われた２００５年には午後2時5分に職場を立ち去ったそうですから、少しずつ賃金格差は小さくなっています。

それでも、このペースだと賃金が男女平等になるには54年もかかるそうです。アイスランドでは、似たような仕事に対する賃金が、男性が1だとすると、女性は約０．７８９です（ちなみに、日本は、０・６６２です）。

■政策は、変えられる

政治参加というと、「選挙に行く」とか「議員になる」といったことをまず思い浮かべるかと思いますが、政治参加の仕方はいろいろあります。

おススメしたいのは、「アドボカシー」に参加することです。

アドボカシーとは、政策変更を促すこと。ＵＮＤＰのミッションの一つは、まさにアドボカシーでした。

今ある法律、今ある政策、今ある予算配分の仕方を「変えていく」ことです。女性にとって不利な法律を変えたり、予算配分の仕方を女性のニーズに合うように変えたり。必要なのは、データや分析に基づいた具体的な「提言」と、それに賛同し、後押しする人々の「声」です。

待機児童の問題、非正規労働や賃金格差の問題、マタニティ・ハラスメントの問題。これまでの「男性稼ぎ手モデル」に根ざした制度や仕組みにひずみが噴出しています。変えるためには、研究者や専門家、女性団体、ジャーナリスト、当事者である女性たちがタッグを組む必要があります。

「労働」「子育て」「リプロダクティブ・ヘルス／ライツ」「女性に対する暴力」などのテーマについて、データに基づいて現状を分析し、それを元に何をどうかればよいのかという政策提言をまとめ、それぞれのテーマに関して、研究者や専門家がデータを集め、分析し、それを元に、何をどう変えればよいのかを「政策提言」としてまとめ、それをジャーナリストや発信力のある人たちが発信し、賛同の「声」を集める。世界各地でこうした「アドボカシー」が実行されています。

今は、SNSがあるので、情報を共有したり、ネットワークをつくったり、オンライン署名サイトで賛同の声を集約したりといったことがやりやすくなりました。SNS上でムーブメントができれば、マスメディアが報道します。

それが世論として、国会議員など意思決定ポジションにある人たちに伝われば意思決定に影響を与えることができます。

この数年間でも、マタハラの問題、保育園の問題、刑法の性犯罪規定の問題、シングルマザーへの支援の問題、長時間労働の問題と、あらゆるテーマにおいてSNSを活用しながら、永田町の国会議員会館で院内集会を開いたり、議員に対して個別にロビー活動を行ったりという、ネットとリアルを融合させたアドボカシー活動も数多く展開されています。

SNSで発信される政策提言や現状分析や取材記事を読み、それらを友人たちとシェアしたり、院内集会や勉強会に参加してみたり、オンラインでの署名やキャンペーンに参加したり、近くで某かのアクションがあれば参加してみたり。方法はたくさんあります。

また、最近は、NHKや民放にも女性記者や女性ディレクターが増えてきたので、女性が直面している、働き方や子育てや暴力や貧困などの問題が特集として組まれることも多くなりました。

番組や記事に共感したら、その感想をメールや電話で伝えることが大切です。

一生懸命現場で取材している女性記者たちは、その企画を男性上司だらけの社内で通すのがまず大変です。やはり、視聴者や読者からの「良かったよ」という声や励ましは、現場の女性たちにとってても大きな励みになりますし、「反響があった」ということになれば、また、次の企画が通りやすくなります。

ネット社会と言われますが、やはり、テレビや新聞などのマスメディアの力も大きいのです。「世論」を形成し、「政策決定」のあり方にも影響を及ぼします。

このように、様々な形で政治参加をすることができることをぜひ覚えておいてください。

私たち一人ひとりが、おかしいと思うことに声を上げ、どんな仕組みやサポートが必要なのかを発信していけば、少しずつ、社会のありようは変わります。

グローバル・ジェンダー・ギャップ指数では、日本の順位はここ数年後退気味です。日本の状況が悪くなっているのではなく、他の国がどんどん取り組みを進めているからです。

そして、その動きは、政府が主導して起こるものではなく、やはり、その社会に住む女性たちが繋がり、声を上げ、アドボカシーを進めていくことで、実現しているのです。

日本の社会から、「呪い」を一つひとつ取り除き、一人ひとりが幸せを感じられるような環境を創るのは、私たちです。一緒に、変化を起こしていきましょう。

■自分の身体のことは、自分で決める

女性が健康に、尊厳を持って生きるためには、女性自身が自分の性や身体のことを決める権利が保障されていなくてはなりません。性暴力のように、その権利を著しく侵害し、女性の尊厳を傷つけるような行為は、犯罪として厳しく処罰されなければなりません。女性が活躍する社会の必須条件だと思いますが、男性が中心となって政治を動かしている国では、後回しにされがちです。

人類の歴史の中で、女性が自分の性のこと、妊娠・出産のことを自分の意思で決められないような社会が長きに渡って続きました。

産むか産まないか、何人産むかといったことを、当事者の女性ではなく、男性が、夫が、イエ（家）が、国家が主導したり、管理したりしてきました。

１９９４年にエジプトのカイロで開催された国際人口会議で初めて、リプロダクティブ・ヘルス／ライツが「女性の人権」として国際社会全体で共有されたのです。

女性のエンパワーメントという観点から最も重要視されているのは、「**リプロダクティブ・ヘルス／ライツ**」（性と生殖に関する健康／権利）です。

女性が自分の身体や性と生殖のことを自分で決めることができるかどうか。

それが、その社会の女性の生きやすさのバロメーターにもなっています。

なぜなら、それが女性が尊厳のある人生を送る上で、最も基本的な権利だからです。

思春期の身体の成長、月経、恋愛、セックス、避妊、妊娠、中絶、出産……。こうしたことを総称して、リプロダクティブ・ヘルスといいます。

その一つひとつに、ちゃんと知識を持ち、自分で判断し、自分で決めること。パートナーと対等な関係を持つこと。それが、リプロダクティブ・ライツ（性と生殖に関する権利）です。

世界中の一人ひとりの女性がリプロダクティブ・ヘルス／ライツについての知識を持ち、医療サービスを受けることができ、パートナーとも対等な関係を築けるようにすること、また、女性の身体の尊厳を傷つけるような性暴力は公正に裁かれるようにすること。多くの国で、そうした取り組みが行われ、女性が自分の身体のことを自分で決められるような社会づくりが進められています。

アメリカでは、トランプ政権になってから、リプロダクティブ・ヘルス／ライツが著しく制限されようとしています。

ただでさえ、アメリカは先進国の中で最も妊産婦死亡率の高い国です。

原因としては、高齢や肥満でリスクの高い妊娠・出産が増えているということと、保険に入っていない貧困層の女性たちが適切な医療サービスを受けていないということが挙げられています。オバマ前大統領が導入した国民健康保険（通称：オバマケア）は、妊娠・出産も保険でカバーできるようにしました。

ところが、トランプ大統領が打ち出した「トランプ・ケア」ではカバーされないことがわかりました。トランプ大統領の就任に合わせて、女性たちが全米各地で大規模なデモを行いましたが、今は、女性政治家を養成して、この動きに歯止めをかけようという取り組みが進んでいるようです。

一見、女性活躍が進んでいそうなアメリカですが、議会に占める女性議員の割合は約２割。２０１７年8月の列国議会同盟（Inter-Parliamentary Union）の調査によると、世界で98位です。

皆さんは、日本はこの「リプロダクティブ・ヘルス／ライツ」に関しては進んでいる国だと思いますか？　残念ながら、日本にもまだまだ課題が多いというのが現実です。

まずは、法律を見てみましょう。

今から110年前の明治40年（1907年）に女性が一人もいない国会で制定された刑法には、今も、堕胎罪があります。人工妊娠中絶をすると、女性は罰せられるのです。ただ、母体保護法が定める「身体的または経済的な理由によって母体の健康を著しく害する恐れがある」もしくは「暴行、協約等で抵抗・拒絶できなかった」場合は、本人と配偶者の同意によって人工中絶をしても堕胎罪が適用されません。

だから、実際に堕胎罪に問われる人はいませんが、女性を罰する法律として、未だに存在しています。

また、「配偶者の同意」を要件にするのは、女性自身の自己決定権（リプロダクティブ・ライツ）に反しています。

■性犯罪規定の改正

2017年6月16日、刑法の性犯罪規定が実に110年ぶりに大幅に改正されました。「刑法改正　性犯罪厳罰化へ」といった見出しで、新聞やテレビでも大きく報道されたので、ご存知の方も多いでしょう。ここに辿り着くまでに、たくさんの女性たち（そして、男性や性的マイノリティの人たち）が性暴力の被害を受け、心と身体に深い傷を負いながらも、悔し涙を流してきました。

刑法の性犯罪規定が制定されたのは、女性には参政権がなく、まったく発言を許されなかった時代です。

「女性の人権を守る」という観点ではなく、刑法ができた明治時代の家父長制的な価値観に基づいた、性犯罪は「家の名誉」や「血統」が侵害されることに対する罪であるという観点に根ざした法律になっていました。性暴力の定義は狭く、罰則は軽く、処罰へのハードルが高かったのです。

たとえば、強姦の定義は「男性器が女性器に挿入された場合のみ」（＝被害者は女性のみ）「暴行または脅迫を用いた行為であること」。

また、強姦と強制わいせつは、被害者が告訴しなければ検察は事件を起訴することができない「親告罪」でした。被害者が判断を迫られるのです。もし、告訴をしなければ、加害者は起訴されることはありません。

殺人や強盗は、「社会」を代表して「検察」が加害者を起訴します。

ところが、性犯罪に関しては、その判断もアクションも被害者に委ねられていたのです。

被害者が告訴し、裁判の過程を乗り越えるのは本当に大きな負担です。

「もう、いいや」と思って告訴しない被害者もたくさんいます。

さらには、罰則は「懲役3年以上」と強盗よりも軽かったのです。性暴力は『魂の殺人』とも言われるほど、被害者の心と身体に大きな傷を残します。被害の深刻さに見合った刑罰ではありません。それが日本の現状でした。

刑法性犯罪の見直しは、今回が初めてではありません。2003年に有名大学のサークルで組織的かつ常習的に行われていた女子学生に対する集団レイプが発覚した事件（通称：スーパーフリー事件）を機に、集団強姦罪が創設されています。しかし、定義の見直しのような抜本的な改正は今回が初めてだと言ってよいでしょう。もちろん、これまでにも数多くの被害者や支援団体が声を上げてきましたが、政治や司法がなかなか動かなかったという現実がありました。

そもそも、100年以上も大きな動きがなかった「刑法改正」のきっかけをつくったのは、自民党の松島みどり議員です。

2014年7月に法務大臣に就任したときに、「刑法の性犯罪規定を見直し、厳罰化したい」と会見で述べて、それに向けた道筋をつけたのです。

同年10月には「性犯罪の罰則に関する検討会」が立ち上げられ、法務省での検討が始まりました（残念ながら、「うちわ」騒動で早くに辞任してしまいましたが、やはり、問題意識のある女性が閣僚になることの意義の一つは、このように、女性の人権や権利の保護に必要な法整備に積極的に取り組んでくれることだと思います)。

この流れを受けて、若い世代の女性たちを中心に性暴力の問題やフェミニズムについて活動している4つの若手団体、

○明日少女隊（フェミニスト・アーティストのグループ）
http://ashitashoujo.com/

○NPO法人しあわせなみだ（性暴力のない会に向けた啓発）
http://shiawasenamida.org

○性暴力と刑法を考える当事者の会（刑法改正に向けた、当事者によるアドボカシー団体。現在は解散し、一般社団法人Springとして活動）
https://ameblo.jp/spring-voice-org/

○ちゃぶ台返し女子アクション（性暴力を取り巻くカルチャーを性教育を通じて変えることを目的とした参加型アクショングループ）
http://chabujo.com/

これらの団体が、「刑法性犯罪を変えよう！プロジェクト」を共同で立ち上げ、魅力的なアートや参加型アクションを用いた「ビリーブ！わたしは知ってる―」キャンペーンを立ち上げたのです。SNSを活用して全国に向けて発信し、共感の輪を広げていきました（詳しくは、https://www.believe-watashi.com）。

この活動には、女性だけではなく、多くの男性も参加しました。大学のキャンパスでも啓発キャンペーンを展開し、性暴力と刑法性犯罪規定の現状をわかりやすく発信していったそうです。それと同時にたくさんの国会議員を訪ね歩き、実状を説明し、改正を求めるロビイング活動も行いました。

その結果、2017年3月に入ってから、刑法改正案が閣議決定されたのです。国会が大詰めを迎えた6月に入ってからは、オンライン署名サイトChange.orgで集まった3万筆以上の署名を超党派の国会議員9名の同席のもと、金田法務大臣（当時）に提出。

6月16日には、プロジェクトメンバーで、性虐待のサバイバーの山本潤さんが参議院法務委員会で参考人として招致され、当事者の生の声を議員に届けたのです。同日、法案は参議院本会議で可決・成立しました。

今回の改正の主なポイントは、

▢「**名称の変更**」↓　強姦罪という名称を、強制性交等罪に変更する
▢「**非親告罪化**」↓　被害者が告訴しなくても、検察が捜査・起訴できるようにする
▢「**厳罰化**」↓　懲役3年以上を、懲役5年以上とする
▢「**被害者を女性以外にも拡大**」↓　女性への性器性交に限られていた強姦罪を「口腔性交」「肛門性交」に拡大し、男性や性的マイノリティも被害者とする
▢「**暴行・脅迫要件の緩和**」↓子どもの養育に責任を持つ親などから18歳未満の子どもに対する性交に関しては、暴行・脅迫がなくても強姦・強制わいせつとする

です。

大きな進歩ですが、実は、まだ大きな「課題」がいくつも残っています。たとえば、子どものときに被害を受けた場合、それが性暴力だったと自覚したり、訴えたりすることができないまま「時効」を迎えてしまう被害者も多くいます。

また、今回の改正では、直接的に養育を担っている親や施設の職員等による子どもへの性行為は、暴行や脅迫がなくても性犯罪とみなされることになりました。ところが、教師や上司やコーチなどが目上である、指導者であるなどの「立場や関係性を利用して性行為を強要」された場合は適用されません。

また、必死に抵抗したことを被害者側が証明できなければ無罪となる「暴行・脅迫要件」もそのまま残っています。

まだまだ、被害者側に立った法律とは言えません。今回の刑法改正キャンペーンの立役者の性暴力と刑法を考える当事者の会（現：一般社団法人Spring）は、「ここがヘンだよ、日本の刑法」という冊子を作り、配布していました。また、「おかしさ」を伝えるために、「ビリーブ！わたしは知ってる―」キャンペーンでは、漫画形式の「クイズ」を作成し、イベント会場や、大学のキャンパスや、路上で答えてもらっていました。あなたもぜひ、答えてみてください。

次の事例のうち、日本の刑法で「強姦罪」とされるものはどれでしょうか？

a. 脅された
b. だまされて、ホテルに連れ込まれた
c. 上司に無理矢理ホテルに連れて行かれた
d. 酔って意識をなくした
e. 親子のあいだで、子どもが嫌がった場合
f. 夫婦のあいだで、妻が嫌がった場合

答えは……

a．は、脅されたことが裁判で立証できなければ、「ならない可能性」があります。

d．は、準強姦罪が適用され、強姦罪（改正後、強制性交等罪）にはならない可能性があります。（「準強姦罪」は、不可抗力の状況にされれば、暴行脅迫がなくても強姦罪を適用する、という意味で「準」がついています）

e．は、今回改正されました。

それ以外は、強姦罪（現：強制性交等罪）が適用されることは、非常に困難です。「同意」していなくても、「犯行を著しく困難にする程度の暴行」が裁判で証明できなければ強姦にはなりません。

「激しく抵抗する」「逃げる」「大声で助けを呼ぶ」といった行動をしないと、「同意の上」と判断されることもあるのです。

でも、実際は、「怖くて身体がかたまり、声が出なくなる」人が多いのです。加害者が「脅迫したつもりはない」「抵抗されたとは思っていない」「そんなつもりはなかった」と主張すれば、無罪になるケースもあるのです。

e．はちなみに、アメリカのカリフォルニア州の法律やイギリスの法律では、すべてが

「強姦罪」になります。

多くの人たちが、aからfのすべてに「性暴力である」と答えました。そして、「刑法上は性犯罪にならない可能性が高い」という答えを聞いて、一様にショックを受けたそうです。

今回の改正では、かろうじて一つだけ、「親子の間」は暴行脅迫がない場合でも強制性交等罪に問えるという定義に改正されましたが、他の5つは、状況は変わりません。

一方、今回の法改正で画期的だったのは、「附則」が付き、「3年後を目処に見直しを検討する」という規定が設けられたことです。これから3年間の間に、「暴行・脅迫」要件の見直しも含め、「法」と「現実」のギャップをしっかりと洗い出し、「見直し」に向けて世論を高めていけば、より実状に合った改正を重ねていくことができます。

3年後にさらなる改正を実現させられるかどうかは、私たち一人ひとりにかかっているので、主体的にこの動きに参加していきたいものです。

関心のある人は、一般社団法人Springのウェブサイトをチェックし、イベントや活動に参加してみてはどうでしょうか?・(https://ameblo.jp/spring-voice-org/)

■DV法も女性たちのアクションで実現した

他にも、被害者や女性たちが中心となって声を上げ、少しずつ改正を重ねてきたのが2000年に施行制定された「**ストーカー行為等の規制等に関する法律**」（通称：ストーカー規制法）と、2001年に施行された「**配偶者からの暴力の防止及び被害者の保護等に関する法律**」（通称：DV法）です。

人類の長い歴史の中で、夫から妻への暴力は「しつけ」「夫婦喧嘩」とされたり、交際相手からの暴力も「愛情表現」「痴話げんか」とみなされ、女性の身体の尊厳や人権を損なう行為と社会的に認識されていませんでした。

警察や裁判所も「民事不介入」としていました。ところが、世界中の女性たちが声を上げ始め、1993年には国連総会で「女性に対する暴力撤廃宣言」が採択されました。「肉体的、精神的、性的、心理的損害や苦痛を生じさせる暴力」を女性に対する人権侵害としてとらえ、防止したり、処罰するための法的枠組みづくりが世界各国で加速化しました。

日本でも国際的な流れを受けて、被害者の女性たちが声を上げ、超党派の女性議員の議員立法で法律ができました。

当初は、婚姻関係もしくは内縁関係にある男女だけに適用していました。また、保護命令も「身体的な暴力を受けている場合」に限定されていました。

これまでに3回の改正を重ね、生活の拠点を同じくする「交際相手」も含まれるようになり、「生命・身体に対する脅迫行為」も保護命令の対象になりました。

また、ストーカー規制法も当初は直接的な接触や電話・FAXでのつきまといが対象でしたが、メールでの脅迫・つきまといも含まれるようになりました。

歌手活動をしていた女子大学生がツイッターで脅迫され、ライブ会場で刺され、大けがを負った事案を踏まえ、今は、ツイッターなどの「SNS」での脅迫行為も含まれるようになりました。

殺人事件にまで発展する深刻な事案もあり、それが報道されることで社会の関心が高くなっています。それにしたがって、罰則も重くなってきました。少しずつ、進歩しているのです。

ただ、DV法もストーカー規制法も、現行だと、被害がエスカレートするのを避けるには、「被害者」が住み慣れた家や学校や職場から逃げ、新しい土地で身を隠しながら生きていかなければならないという実状があります。

また、保護命令の対象も本人のみですが、親などの家族が加害者から被害者の居場所を教えるよう脅迫されたり、最悪のケースでは殺害されたりする事件も起こっています。まだ改正の余地があるといえるでしょう。

性暴力もＤＶやストーカー行為も、無縁で生活できればそれにこしたことはありません。被害にあって初めて、日本の法律の甘さや被害者に対するケアの手薄さに気づくことになります。多くの人たちが無関心でいれば、その状況は変わりません。

リプロダクティブ・ヘルス／ライツについての知識や情報が広がり、それが「法律」や「人々の意識」にも反映されていくことが大切だと思います。望まないことには「Ｎｏ！」と意思表示ができて、それがちゃんと尊重されること。

万が一、意に添わない行為があったときには、ちゃんと司法が機能すること。

当たり前のことですが、まだ、そのような「社会」は実現できていません。安心して暮らし、働くためには、実現に向けた動きに関心を持ち、自分にできるアクションに参加することも大切なことだと思います。

04

新たなグローバル・ムーブメント

■ジェンダー・バイアス

先日、あるメーカーの紙おむつのCM動画がネット上で炎上しました。

産院での一コマから、その動画は始まります。

赤ちゃんを出産し、溢れんばかりの笑顔の新米お母さん。家に戻ると、昼夜問わずの授乳、おむつ換え、夜泣きが始まり、さらには夜中の発熱、抱っこひもの赤ちゃんと買物袋の重さからくる腰痛……。

笑顔から一転、不安そうでしんどそうな表情になります。

最後に「その時間が　いつか宝物になる」というキャッチ・コピー。

二人の子どもを育てた私から見ても、新生児とのリアルな日常が描かれています。

ところが、ネット上で、「確かにリアル。あのころの孤独で大変な日々を思い出してつらい。美化しないで欲しい」というたくさんの声が噴出。

さらには、「お父さんが全然出てこないのはおかしい」「ワンオペ育児を肯定すべきではない」という意見を男性たちが発信していました。

確かに、「育児は母親の責任。その辛さを乗り越えてこそ、一人前。いつか、よい思い出になる。だから耐えなさい」というメッセージと受け取られてもしかたない動画だと思いました。

私は、その動画を見たときに「わー、ホント、こんな感じだったなぁ……。今では自分一人で大きくなったような顔してるけど……(笑)」と思いました。でも、それは、「育児のトンネル」を完全に抜け出した今だからであり、当時の夫と一緒に育児をしていたし、周囲の助けもよく借りたし、何よりもニューヨークには「子育ては母親の責任！」というプレッシャーが存在しなかったからだと思います。

実際は、「ワンオペ育児」の家庭もあれば、パパも育児休業を取得して一緒に奮闘している家庭もあるでしょう。

「ワンオペ育児」の現実を切り取るのであれば、やはり、その現状を追認するのではなくて、お母さんだけが孤独の中で育児をするのではなくて、お父さんも存分に関われるような、赤ちゃんと両親を周りの大人たちや社会がサポートしていけるような環境を創っていこうというメッセージで締めて欲しいものです。

お父さんが関与できるようにするには、長時間労働の雇用慣行やそれを良しとする文化を変えなければなりません。

保育園や育児サポートを充実させていく必要もあります。私たちの身近な家族や、地域や、職場など、社会全体が変わっていかなければ、女性が生きやすく、働きやすい環境は実現しないのです。

どんどん声を上げていけば

このオムツの会社（日本の企業です）と競合している外資系企業のオムツのＣＭ動画は、たくさんの大人たちが赤ちゃんに優しく話しかけたり、温かい眼差しを向けたりと、「社会で子どもを見守り、育てよう」いうメッセージが感じられる内容でした。「お母さん中心」のＣＭとは対照的です。

ネット上では、多くのお母さん・お父さんが共感を覚えていました。お母さんが頑張るだけでは問題は解決しません。やはり、社会全体を「子どもを育てやすい環境」に変えていくことも必要です。

ちなみに、ＣＭが炎上した紙おむつメーカーは管理職に占める女性比率は約10％で、役員に占める女性比率はゼロ。外資系のメーカーは役員の47%が女性だそうです。

母親が不安を抱えながら、ギリギリのところで孤軍奮闘する様子を肯定的に描いた動画に対して、子育て中の多くのママやパパがSNS上で異議を唱え、さらには社会学者、ジャーナリスト、子育て支援NPOの代表など、知見を持った人たちがニュース記事を発信。

現状を肯定するのではなく、もっとたくさんの大人が子育てに関わっていけるような環境を、と提言するという一連の流れを見ると、今まで「おかしいな」と思いつつ、「でも、世間はそんなものなのかな」とあきらめ半分で飲み込んでいた「呪い」の数々も、減っていくかも？　という希望が湧いてきます。

他にも、25歳の誕生日を迎えた女性が「今日からあんたは女の子じゃない」と言われる化粧品会社のCM。会社勤めの女性が男性の上司から容姿を馬鹿にされたり、カワイイ女性社員がチヤホヤされている様子を見ていると「大丈夫だよ、需要が違うんだから」と言われ、その女性は最近メイクやオシャレをさぼっていたことに気づくというショッピング・ビルのCM。

鹿児島県志布志市のふるさと納税の返礼品の養殖ウナギをスクール水着を来た女性に擬人化して描いたCM。女性は若いほうがよい、女性は疲れていてもメイクやファッションに気を使わなければならないといったメッセージや、性的なイメージが強調された上に、男性に飼われ、最後は食べられてしまうという描かれ方に、多くの女性たちがツイッターやFacebookで違和感や不快感を表明しました。

女性だけではなく、多くの男性もジェンダー・バイアスを強調するような表現に異を唱えました。炎上の様子はマスメディアでも取りあげられました。

そういった昨今の動きに対し、

「最近は、うるさくなった」「表現しづらくなった」という声も聞かれます。

一昔前なら、どんなに女性が不快に思ったとしても、その声を届ける手段は限られていました。よほど、大規模に、組織的に声を上げなければ、制作者や企業・自治体の耳には入らなかったでしょう。

でも、今は、SNSがあります。違和感を感じる人は、その気持ちを表現するし、そのような描かれ方に女性差別を感じれば、その意見を表明できます。

同じように感じている人がたくさんいれば、その声を大きくなります。私たちの心の奥深くに潜んでいる「呪い」の数々は、物心がついてから今日まで目にしてきたメディアからの刷り込みも多分にあると思います。

ジェンダー・バイアスを助長するような表現や描き方に対しては、私はどんどん声を上げていけばよいと思います。こうした「声」を積み重ねていくことで、女性の描かれ方や、男女の関係性の描かれ方も少しずつ進化していくのだと思います。

■世界の広告業界も、金融業界も

毎年6月にフランスのカンヌで開催される、カンヌライオンズ国際クリエイティビティフェスティバル。60年以上の歴史のある、世界最大規模の広告クリエイティブの祭典です。広告は、社会の「今」を映し出す鏡です。企業が自社に対して抱いて欲しい「イメージ」とは何か、その企業が大切にしている「価値」は何か？　多くの人々が何を求めているのか？　そういった事柄が、広告には凝縮されています。

近年は、単に「売りたい製品やサービスのクオリティ」だけをアピールするのではなく、「企業価値」そのものをアピールする広告が増えていると思います。とくに、多様性の尊重や環境保護などの「ソーシャルグッド」(社会的に良いこと)を前面に出したブランディングが世界的にも、日本国内でも定着したと思います。

そんな中、2015年にカンヌライオンズで「グラスライオン」という賞が創設されました。性差別やジェンダー・バイアスを打ち破るクリエイティブに贈られる賞だそうです。

第3章で紹介した「Like a Girl」も初年度の2015年にこの賞を受賞しています。
「Like a Girl」は、私たちがいかに「女の子らしく振る舞う=弱々しいしぐさを見せること」というバイアスを無意識のうちに持ってしまっているかを気づかせてくれる、社会的な意味合いの強いCMでした。

同時に、生理用品の消費者である女性たちには、生理が始まる思春期あたりから「女の子らしさ」という呪いをかけられがちだけど、全力で、自信を持って振る舞おうというメッセージを投げかけることで、たくさんある生理用品から、Alwaysブランドを選ぼう、という動機づけにもなるという巧みなCMです。

先ほどのオムツのCMで言えば、ワンオペ育児という「現状」をリアルに描き、それは期間限定のことだから、お母さんたち、頑張ろうというメッセージを送るCMと、お母さんだけが責任を負うのではなく、たくさんの人たちが関わることで子どもは育つという「理想」もしくは「未来像」を描いたCM。とても対照的です。あなたはどちらに共感しますか?

2017年のカンヌライオンズでは、世界的な投資マネジメント会社ステートストリートの「Fearless Girl(勇敢な少女)」が「グラス(ジェンダー)」「PR」「アウトドア広告」の3部門でグランプリを受賞しました。どんな内容でしょう?

世界の金融の中心地、ニューヨークのウォールストリートには、有名な雄牛の銅像が建っています。ウォールストリートのシンボルとされる、猛々しく雄々しい牛の銅像です。なんと、今年の3月8日の国際女性デーに、一夜の間にその銅像の前に立ちはだかるひとりの女の子の銅像が突如として現れました。銅像が制作され、ウォールストリートに設置されるまでの様子を描いた「Fearless Girl」が主な賞を総なめにしたのです。

このCMの趣旨は、「**企業の役員に占める女性割合の低さ、金融業界における男女間の賃金格差に注目を集めること**」だそうです。

これまでの男性中心の企業、男性中心の金融業界に立ち向かっていくというメッセージが、雄牛の前に誇りを持って立ちはだかる少女像に凝縮されています。

投資会社がCMを通じて「ソーシャルグッド」を提案し、さらには、ジェンダー平等や女性活躍が進んでいる企業により多くの投資をしていこうという時代になったのです。その動きはさらに加速すると思います。

2016年5月、アメリカの金融情報サービス大手のブルームバーグ（Bloomberg）社が、社内でジェンダー平等を推進している金融機関（銀行、証券、保険等）を選定した「ジェンダー平等金融機関インデックス」（Financial Services Gender Equality Index）を発表しました。

社員・管理職・管理職の女性比率、子育てなどの支援制度、人材育成制度、ジェンダー平等を推進するようなサービスの提供度合いなどの項目についての調査結果に基づいて、毎年選定するそうです。女性のための福祉という視点ではなく、**「あらゆる意思決定に女性が多く関わっているほうが企業のパフォーマンスが良い」**という前提に立った動きです。

2017年には、「管理職に対して、無意識の偏見（Unconscious Bias）を取り除く研修を行っているか？」という項目が付け加えられました。

日本でも、「自分は女性差別はしない」とか「性別は関係なく、能力がある人を採用・評価する」と自信を持って公言している男性、女性はたくさんいます。でも、誰でも「無意識の偏見」はあります。

先日、ある調査でカナダの外務省を訪問したときに、大使や領事向けに無意識の偏見に気づくための研修を行なうようになったと聞きました。

トルドー首相が「フェミニスト外交政策」を掲げ、外務省の中でもジェンダー平等が広がるような取り組みが盛んに行われているのです。

「あるオーケストラは、団員の大半が白人。オーディションは公平・公正に行われているのか？　という疑問の声が主にアジア人から上がり始めたので、その人の姿形・性別がわからないようについ立てを間に置いて、ブラインド・オーディション（視覚情報に頼らないオーディション）を行なった。そうしたら、アジア人も確かに増えたけど、何と言っても女性が大幅に増えた」というエピソードを教えてくれました。

つまり、審査員が「白人」「男性」を選ぶ傾向にあるという無意識のバイアスが顕在化したのです。演奏の技術だけに集中し、「能力」ベースで選ぶと、女性も多く選ばれるのに、通常のオーディションでは、排除されてしまう。職場にも「無意識のバイアス」は存在する、という考え方が一般的になっているのです。

日本では、女性活躍というと「女性に下駄を履かせている」と批判する人がいますが、試しにブラインド・オーディションで「能力ベース」の採用・昇進を行なってみるとよいのではないでしょうか？

日本も、変わるしかない

カルビーの伊藤秀二社長は、2016年10月3日付の朝日新聞のインタビューで、社内での女性活躍の環境整備について聞かれ、最後に「女性が4割いるなら、管理職も4割いるのがあたり前。女性にゲタを履かせているという批判があるが、もともとゲタを履いていた男性に脱いでもらっただけ。これから社会全体がそうなっていくでしょう」と話していました。

女性が能力を伸ばし、発揮できるような社会、男性と女性が「家計責任」と「家庭責任」を分かち合いながら生きていける社会に向けて、長時間労働の見直しや、男性の育児休業取得を奨励する取り組みや、ITを活用した働き方改革など、かつてないスピードで変革が進んでいます。

こうした動きをいち早くキャッチし、社員が潜在能力を発揮できるような環境を創っていく企業がこれからも成長していくのでしょう。

厚労省の「働き方・休み方ポータルサイト」には、全国の自治体の取り組みや、企業の事例、自分の働き方の診断チャートが出ていますので、参考にしてみてはどうでしょうか。

http://work-holiday.mhlw.go.jp/index.html

また、厚労省は2020年から大企業に従業員の残業時間の公表を義務づけ、情報を開示しなければ処分をすることを決めたそうです。

今は、女性活躍の推進や働き方改革は大企業を中心とした動きに見えますが、先見の明があり、持続的に発展しようという意欲のある経営者が経営する中小企業や地方の企業も、人材の獲得や競争力の強化の手段としても、女性と男性がワークライフバランスを保ちながら働けるような環境づくりを「コストではなく、投資」という姿勢で進めていくでしょう。

反対に、これまでのやり方、働き方、男女の役割分担にこだわる会社は、これからの時代を乗り切るのは難しいのではないでしょうか？

自分のキャリア・プランを立てるにしても、パートナーと一緒に働き方・暮らし方を考える上でも、今、日本でどんな動きが起こっているのかを把握し、政府や企業が発信する「情報」を活用していくとよいのではないでしょうか？

あなたも、Fearless Girl のように、自分に自信を持ち、力をつけ、誇りを持って、働き続けてください。そして、あなたと、わたしと、同じマインドを持ったたくさんの女性たちで繋がりながら、もっともっと女性が生きやすく、働きやすい社会を創っていきましょう。

あなたといつか、会える日を楽しみにしています。

おわりに

2017年の国際女性会議WAW！のテーマは、「WAW! in Changing World」（変わりゆく世界での女性活躍）でした。

グローバル流行語大賞があったら、まちがいなく、「Changing world」が選ばれるのではないかと思うくらい、国連やAPECやG20など、ありとあらゆる女性会議で、この言葉を目にしました。

技術革新によって、ビジネスのやり方も、働き方も、学び方も、人との繋がり方も、ものすごい速さで変わっていく。そんな変化の時代に、女性のエンパワーメントはどうあるべきか？　という議論が世界中で行われているのです。

その中で一貫しているのは、激動の時代にあっても、「エンパワーメント」が幸せな人生の基盤になることに変わりはないという点です。そのことを日本のミレニアル世代の女性たちに伝えたくて、この本を書きました。

技術革新時代の女性のエンパワーメント。「AIが私たちの仕事を奪うのでは⁉」といった、ネガティブな議論が多いのかと思いきや、テクノロジーを活用して、いかに女性の生き方・働き方の選択肢を広げるか、いかに経済活動の足がかりにしていくかという、とてもポジティブな議論がされているので、びっくりしました。

これまでは多くの女性にとってハードルの高かった資金調達、顧客の拡大、マーケティング、財務管理といったことを「自宅にいながらにして」行なうことだって可能になるし、ウェアラブルのロボットが製品化されれば、力仕事だってラクラクになるのだ、と気づきました。よい事業アイデアさえあれば、誰でも事業家になれるのです。

世界の消費者の半分は女性です。一方、企業経営者や企業幹部は男性だらけです。女性たちが求めている製品やサービスを考え、提供すれば、大ヒットする可能性はおおいにあります。2016年のW20（G20の女性フォーラム）では、サイバーセキュリティ会社を起業し、数年のうちに大成功したアメリカ人の女性経営者が登壇していました。女性のインターネットユーザーや、女性経営者は、サイバーセキュリティ・サービスを女性が経営している会社に頼みたがるのだそうです。なるほど！　と思いませんか？

一方、日本では、「AIやロボットが仕事を奪うのでは？」という不安の声のほうが多いような気がします。

最近も、「フィンテック」（Financial Technology：金融テクノロジー）が急速に進化・拡大していることを受け、メガバンクが立て続けに、店舗の数や人員を削減すると発表したと大きく報じられました。銀行の窓口も事務作業も必要なくなるというのです。日本のこれまでの「やり方」は、これから大きく変わっていくことでしょう。

あなたは、このような変化を「脅威」と捉えますか？　それとも「チャンス」と捉えますか？

今年の夏、海外出張中の飛行機で、生涯で観た映画の中でもトップ3に入るだろうと思う映画に出会いました。1960年代のアメリカのNASA（米国航空宇宙局）を舞台にした「ドリーム」（原題：Hidden Figures）です。実話に基づいたストーリーです。

当時、ソ連との冷戦真っただ中だったアメリカは、国の威信をかけて、宇宙への有人飛行を成功させようとしています。ロケットの打ち上げに必要な膨大な計算は、計算手と呼ばれる人たちが行なっていました。その中には、たくさんの黒人の女性たちがいました。高い能力を持ちながら、職場では差別的な扱いを受けています。それでも、ロケットの打ち上げという「夢」を支えることに誇りを持ち、任務にあたっています。

ところが、人の何十万倍もの速さで正確に計算をする、大型の電子計算機IBMがNASAに導入されることになりました。黒人女性の計算手チームが解雇されることを察知したリーダーのドロシーは、素早く行動に出ます。「計算は機械がやるとしても、その機械を動かす人間が必要になるはず」計算手の女性たちと一緒に、プログラミング言語を学び始めたのです。

ＩＢＭが本格的に導入されたとき、ドロシーのチームは全員、解雇されるどころか、プログラマーとして丁重に迎え入れられました。

「We have to make ourselves valuable（私たちは自分たちの価値を高めておかなければならないのよ）」というドロシーの台詞こそ、私が働くミレニアル女子に最後に伝えたいメッセージです。

時代の変化を闇雲に恐れるのではなく、どんな仕事をしたいのかをしっかりと考え、必要なスキルを身につけておくこと。受け身になるのではなく、主体的に学び、働き、生きること。そう、「エンパワーメント」が、これからのあなたの人生の価値を高めていくことでしょう。幸運を祈っています。

大崎　麻子

２０１７年11月６日

用語解説

国際女性会議WAW（WAW! 2017）　（059ページ）

WAW! は、World Assembly for Womenの略称で、「ワウ!」と呼ばれる。日本の女性分野に関する取組を国内外に発信するため、安倍総理大臣のイニシアティブで2014年に第1回目のWAW! が開催された。WAW! には、世界の様々な地域、国際機関から女性の分野で活躍するトップ・リーダーが参加し、日本及び世界における女性のエンパワーメント、女性の活躍促進のための取組について議論が行われる。WAW! は、女性を取り巻く国内外の課題について包括的に議論する場として、これからも開催される。2017年は、11月1日・2日開催。
外務省HPより　http://www.mofa.go.jp/mofaj/fp/hr_ha/page23_002203.html

国際女性デー　（109ページ）

国連は、1975年の国際婦人年において、3月8日を国際女性デー（IWD）として定めた。そして2年後の1977年12月、国連総会は、加盟国がそれぞれの歴史と伝統に応じて、1年のうち1日を女性の権利及び国際平和のための国連の日と宣言できる決議を採択した。
北アメリカおよびヨーロッパ各地での労働運動から始まった国際女性デー。先進国及び途上国ともに、女性のための新しいグローバルな姿をとりあげてきた。これまでの前進を振り返り、変革を呼びかけ、国や社会の歴史上すばらしい役割を果たした一般の女性たちの勇気と決断を称える日である。2017年の国際女性デーのテーマは「Women in the Changing World of Work: Planet 50:50 by 2030（変化する仕事の世界における女性たち：2030年までにプラネット50:50を実現しよう）」。
UN Women 日本事務所HPより
http://japan.unwomen.org/ja/news-and-events/in-focus/iwd2017

国際ガールズ・デー2017

2017年10月11日開催。
今年で6回目を迎える「国際ガールズ・デー」は「性別」と「年齢」という二重の差別を受ける途上国の女の子たちの特有な問題に焦点をあて、その解決に向けて世界各国が取り組むよう啓発し訴える日。弱い立場にある子どもたち、とりわけ女の子と女性たちは支援から取り残され社会の底辺に置かれている。もし、男の子や男性と等しく教育を受け、社会に参加し、発言し、リーダーとなれたら、地域の貧困や抱える問題の解決を進める大きな力となる。
国際NGOプラン・インターナショナルHPより
https://www.plan-international.jp/girl/idg2017/

公益財団法人プラン・インターナショナル・ジャパン　（036ページ）

プラン・インターナショナルは、子どもの権利が守られ、女の子が差別されない公正な社会、貧困のない社会を実現することを目的とし、世界70カ国以上で活動する国際NGO。プラン・インターナショナル・ジャパンは、その一員として、途上国で支援活動を行う。日本国内でも、途上国支援の輪を広げるための広報・啓発活動を行っている。
公益財団法人プラン・インターナショナル・ジャパンHPより
https://www.planinternational.jp/about/planinternationaljapan/

UNDP　（030ページ）

国際連合開発計画 www.undp.org
United Nations Development Programme
国連開発計画（UNDP）は、国連の世界的な開発ネットワークとして、人々の生活向上を助けるために、変革を促し、各国が必要とする知識や経験、資源を得られるようにする活動を行う。UNDPは、166カ国に現地事務所を置き、それぞれの国と協力しながら世界的、国内的な開発課題に独自の解決策を見出せるように支援している。

UNHCR　（020ページ）

国連難民高等弁務官事務所 www.unhcr.org
United Nations High Commissioner for Refugees
国連難民高等弁務官事務所は、年民を法的に保護する一方で、自国への自発的な帰還または他国への定住を援助することによって、難民問題の維持可能な解決を図っている。

WHO　（018ページ）

世界保健機関 www.who.org
World Health Organization
世界保健機関は国際的な保健活動の指示と調整を行う。また、病気の予防に関する研究も促進、調整している。

SDGs（持続可能な開発目標）　（034ページ）

Sustainable Development Goals
2015年9月に国連総会で、「持続可能な開発目標」Sustainable Development Goals：以下、SDGs）が採択され、2030年までの15年間ですべての人々にとってより良い世界をつくるため、17の目標と、これに関連する169項目のターゲットが定められた。
以上、国際連合広報センター | United Nations Information Centre HPより
http://www.unic.or.jp/info/un_agencies_japan/undp/
国連とは？→http://www.unic.or.jp/files/about_un.pdf

OECD（経済協力開発機構）　（049ページ）

Organisation for Economic Co-operation and Development
OECDは、欧米諸国、アメリカ、日本などを含む約30か国の加盟国によって構成されており、「世界最大のシンクタンク」として様々な分野における政策調整・協力、意見交換などを行っている。
文部科学省HPより　http://www.mext.go.jp/a_menu/kokusai/oecd/04090301.htm

大崎麻子（おおさき・あさこ）
女性のエンパワーメント専門家。元国連職員。
1971年生まれ。上智大学卒業。米国コロンビア大学で国際関係修士号取得後、国連開発計画（UNDP）ニューヨーク本部に入局。世界各地で女性のための教育、雇用・起業支援、政治参加の推進、紛争・災害復興などのプロジェクトを手がけた。大学院在学中に長男を、国連在職中に長女を出産し、子連れ出張も経験。現在はフリーの専門家として、大学、NGO、メディアなどで幅広く活動中。G20、APEC（アジア太平洋経済協力）、ASEM（アジア欧州会合）、国際女性会議 WAW！など、国際会合への出席や国際調査を通じて世界の動きに精通すると同時に、国内のジェンダー問題や女性・ガールズのエンパワーメント・リーダーシップ教育にも取り組んでいる。
関西学院大学客員教授、聖心女子大学非常勤講師、公益財団法人プラン・インターナショナル・ジャパン理事、NPO法人Gender Action Platform理事、内閣府男女共同参画推進連携会議有識者議員、国連安保理決議第1325号「女性、平和、安全保障」に関する日本政府による行動計画評価委員会（外務省）、国際女性会議WAW！国内アドバイザー（外務省）。TBS系「サンデーモーニング」レギュラー・コメンテーター。著書『女の子の幸福論　もっと輝く、明日からの生き方』（講談社）。

エンパワーメント　働くミレニアル女子が身につけたい力

2017年12月8日　初版第1刷発行

著　者　大崎麻子
発行人　佐藤有美
編集人　安達智晃

発行所　株式会社経済界
〒107-0052　東京都港区赤坂1-9-13　三会堂ビル
出版局　出版編集部　☎03（6441）3743
出版営業部　☎03（6441）3744
振替　00130-8-160266

http://www.keizaikai.co.jp

ブックデザイン　小口翔平＋岩永香穂（tobufune）
写真　深谷亘
編集協力　兒玉容子
印刷所　株式会社光邦

ISBN978-4-7667-8616-3